AF587677

La Graciosa

Elza Carrozza - Nick Wagner

Eds: Mario Ferrer Peñate - Rubén Acosta

ediciones remotas

Nick Wagner (Munich) es Doctor en Ciencias Políticas y Elza Carrozza (São Paulo/Munich) es Doctora en Lengua y Literatura Portuguesa y Alemana. Durante años desarrollaron una larga carrera como documentalistas para distintos canales de la televisión alemana, grabando películas en Europa, Sudamérica, África, el mundo árabe o los Estados Unidos.

En 1969, durante un viaje por Canarias, descubrieron casi de casualidad La Graciosa. Se convirtieron en los primeros alemanes que iban a la isla a pasar largas estancias. En los años setenta, cuando La Graciosa vivía enteramente de la pesca y las actividades tradicionales, conectaron en profundidad con la población local y sus modos de vida. Desde el año 2001 residen de forma permanente en la isla.

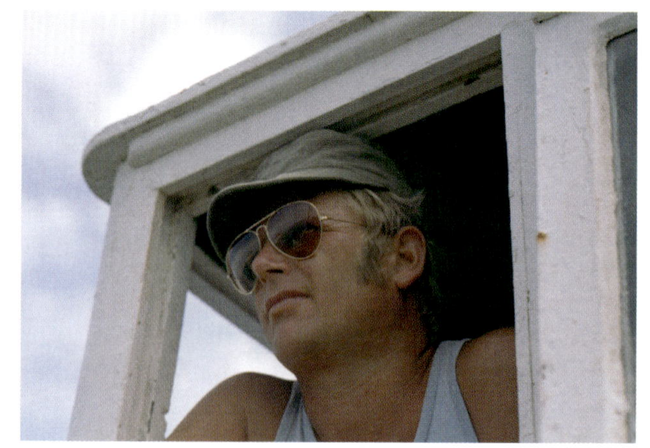

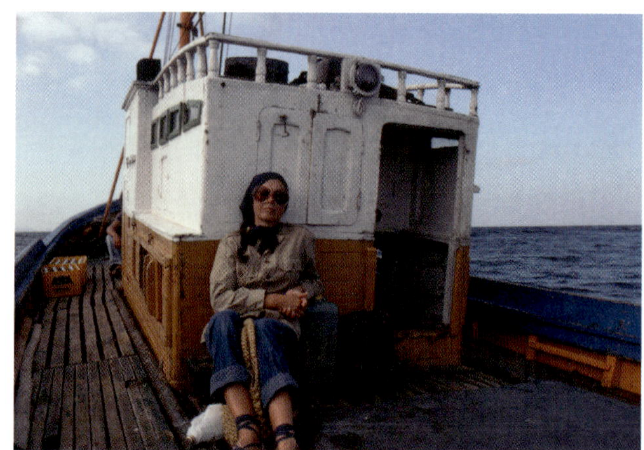

Nick Wagner (München) promovierte in Politik-Wissenschaften und Elza Carrozza (São Paulo / München) in Portugiesische und Deutsche Sprache und Literatur. Sie haben eine lange Karriere als Dokumentar-Filmer für verschiedene Fernsehanstalten hinter sich und drehten in Europa, Südamerika, Afrika, in Arabischen Ländern und den USA.

1969, während einer Reise auf den Kanarischen Inseln, entdeckten sie fast wie durch Zufall La Graciosa. Bald wurden sie die ersten Deutschen, die sich für längere Zeit auf dieser Insel aufhielten. In den 70er Jahre des 20. Jahrhunderts, als das Leben dort allein von der Fischerei abhing, entwickelten sie eine enge Beziehung zu dieser Insel, ihren Bewohnern und deren Lebensweise. 2001 verlegten sie ihren Wohnsitz auf La Graciosa.

Nick Wagner (Munich) has a PHD in Politics and Elza Carroza (Sao Paulo/Munich) has a PHD in Portuguese and German Language and Literature. For years they worked as documentary film makers for many German television channels, filming in Europe, South America, Africa, the Arab world and the United States.

In 1969, during a trip to the Canary Islands, they discovered La Graciosa almost by chance. They were the first German's to stay on the island for long periods of time. It was in the seventies, when La Graciosa depended solely from fishing and traditional activities, when they connected with the local people and their way of life. Since 2001, La Graciosa has been their permanent home.

" El insular es una isla dentro de una isla"

„Der Insulaner ist eine Insel in einer Insel"

"The islander is an island within an island."

Ventura Doreste Velázquez
(Las Palmas de G.C., 1923 - Sta. Cruz de Tenerife, 1986)

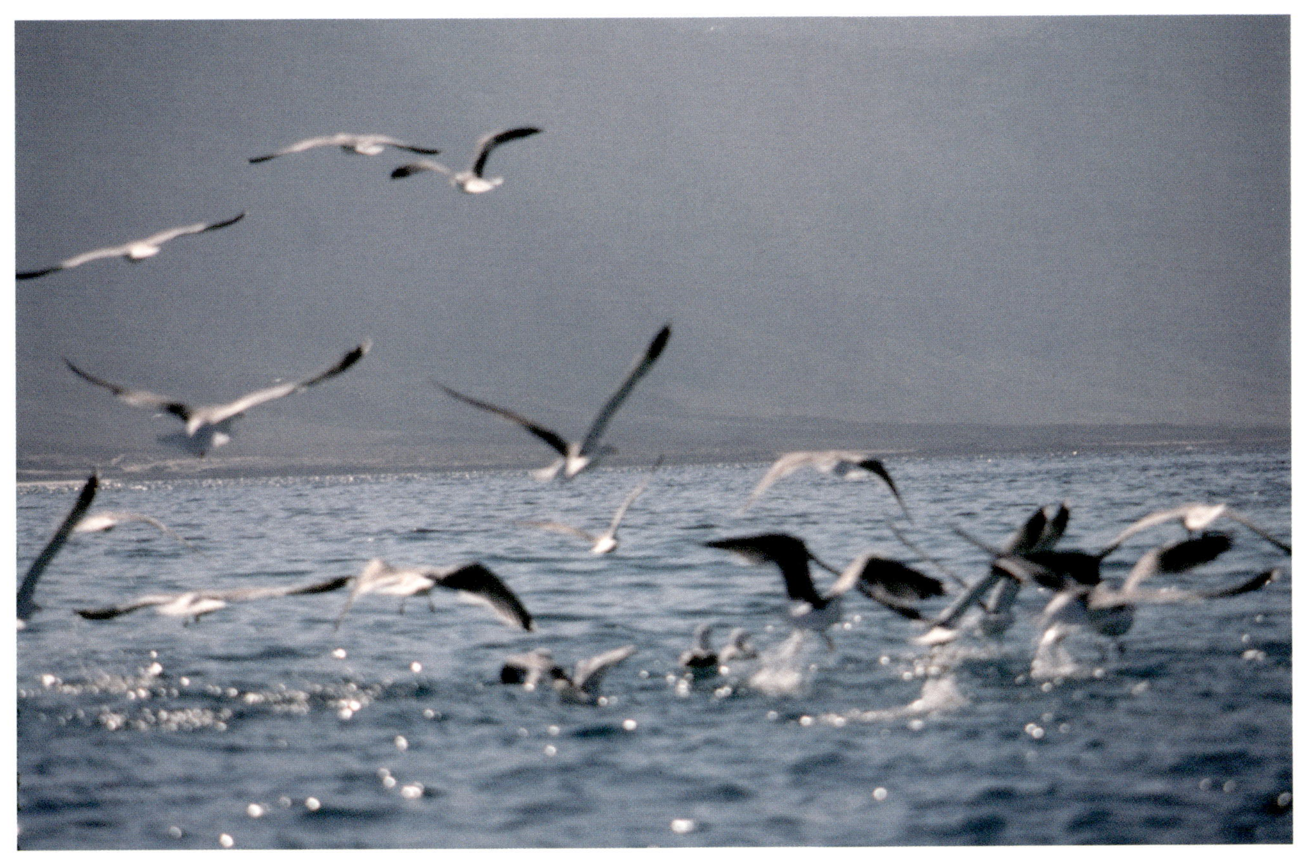

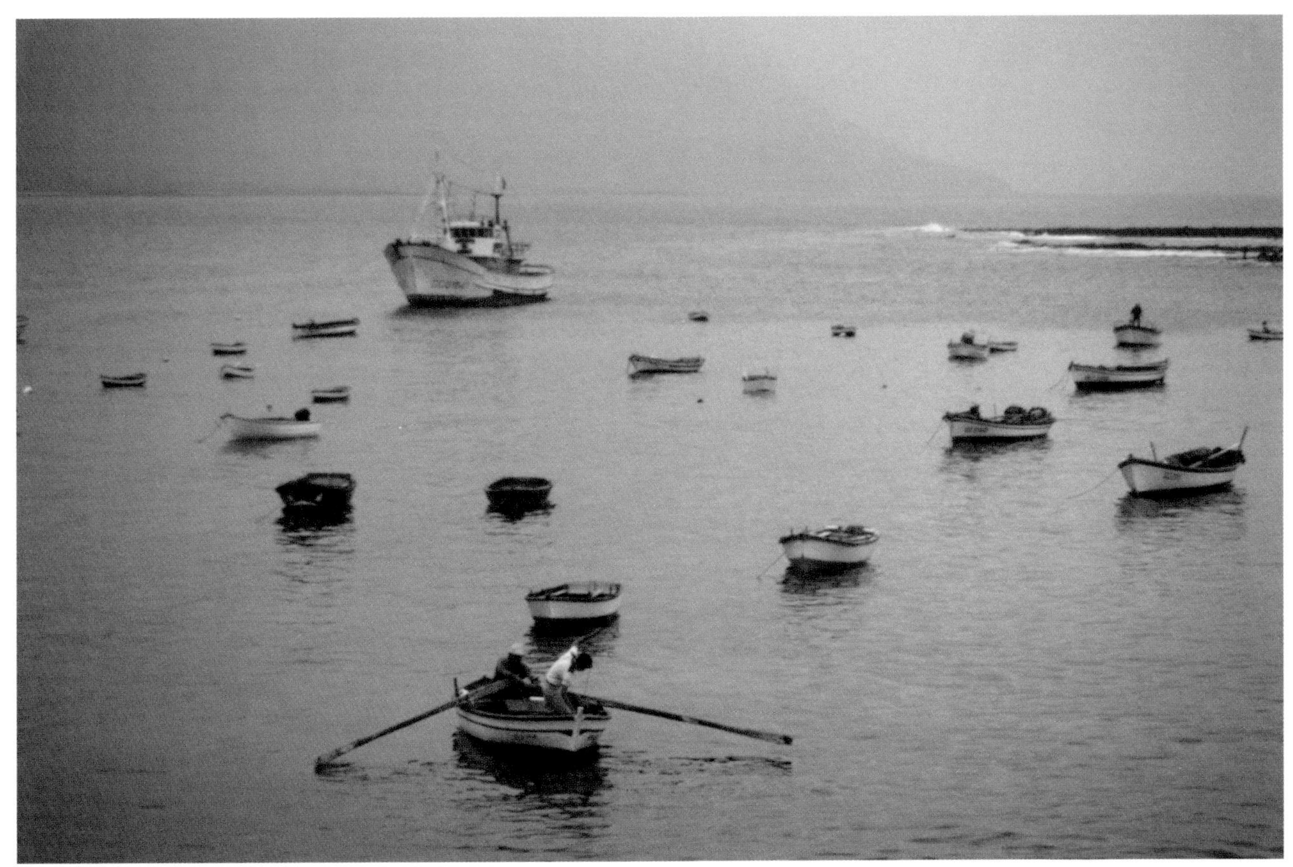

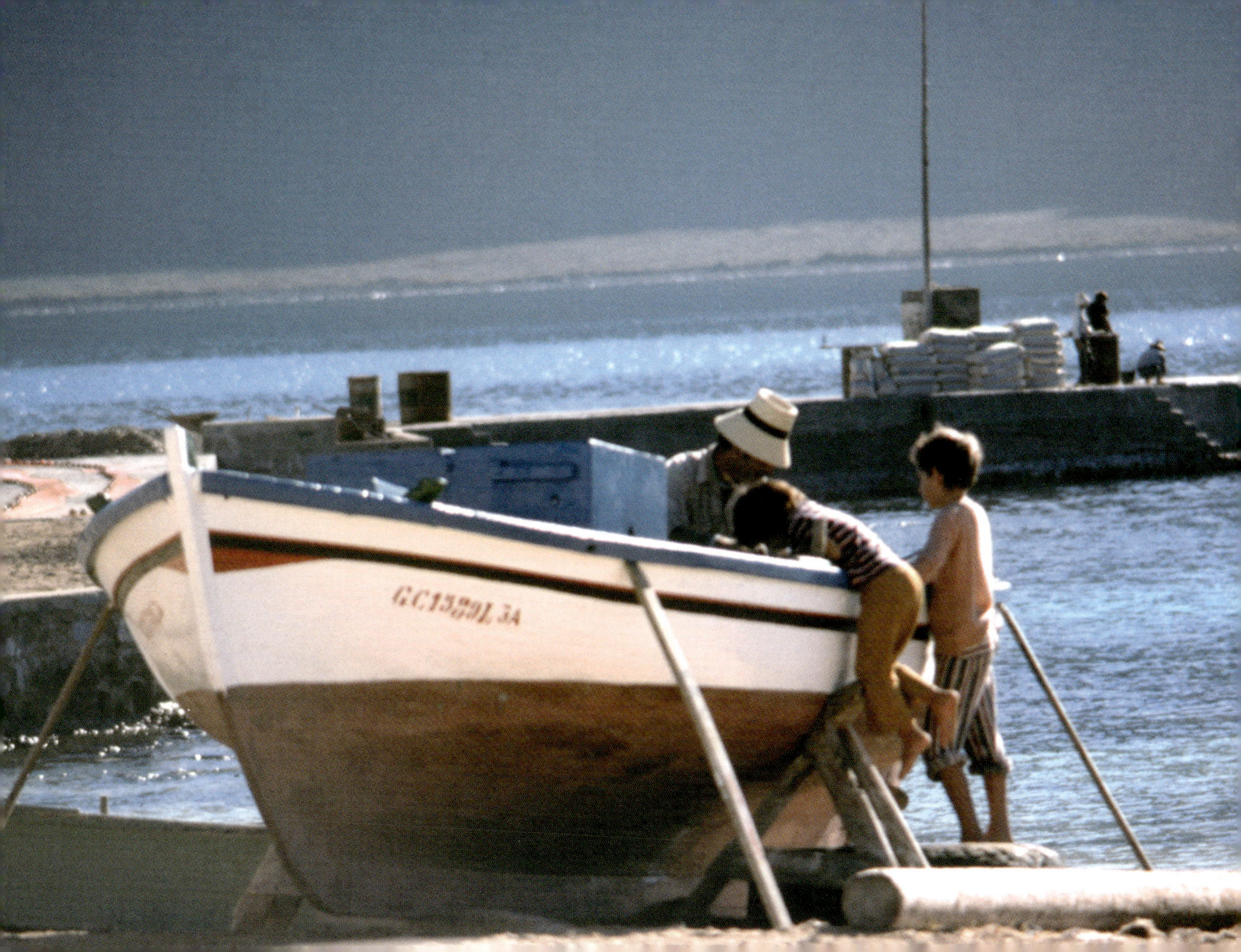

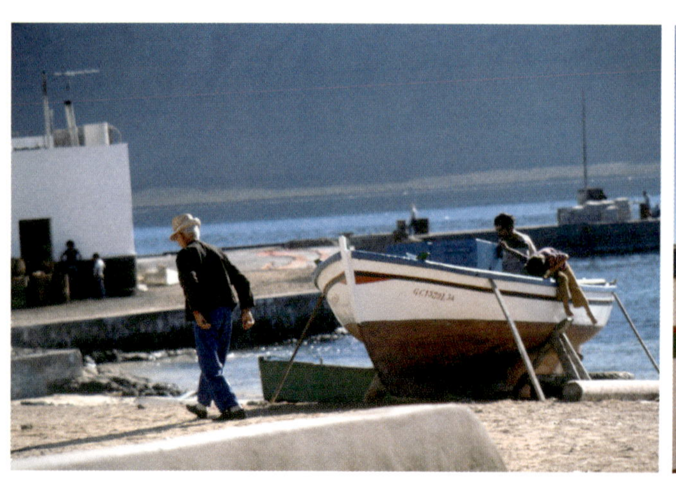

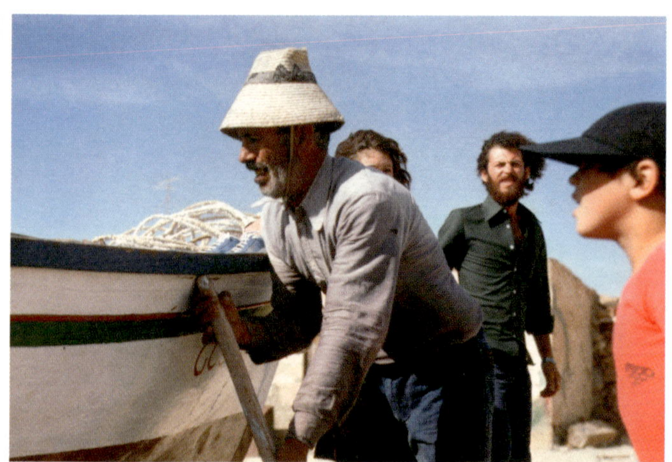

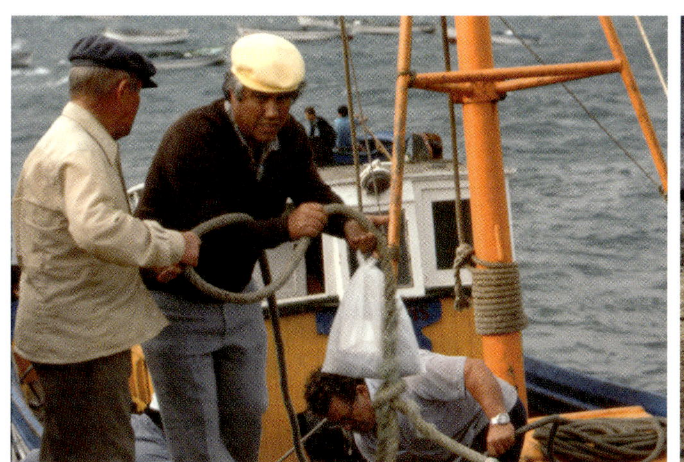

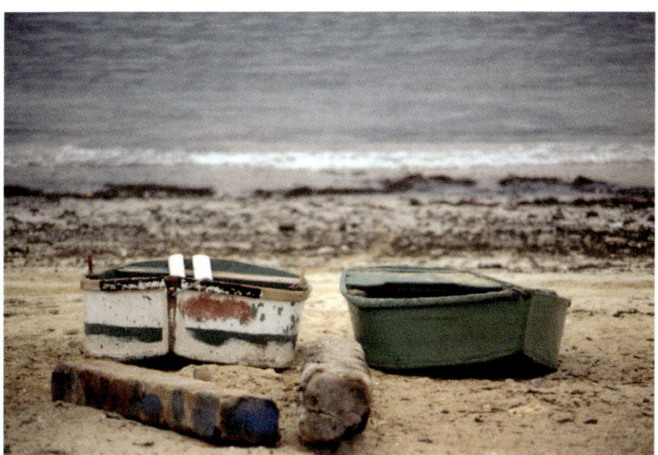

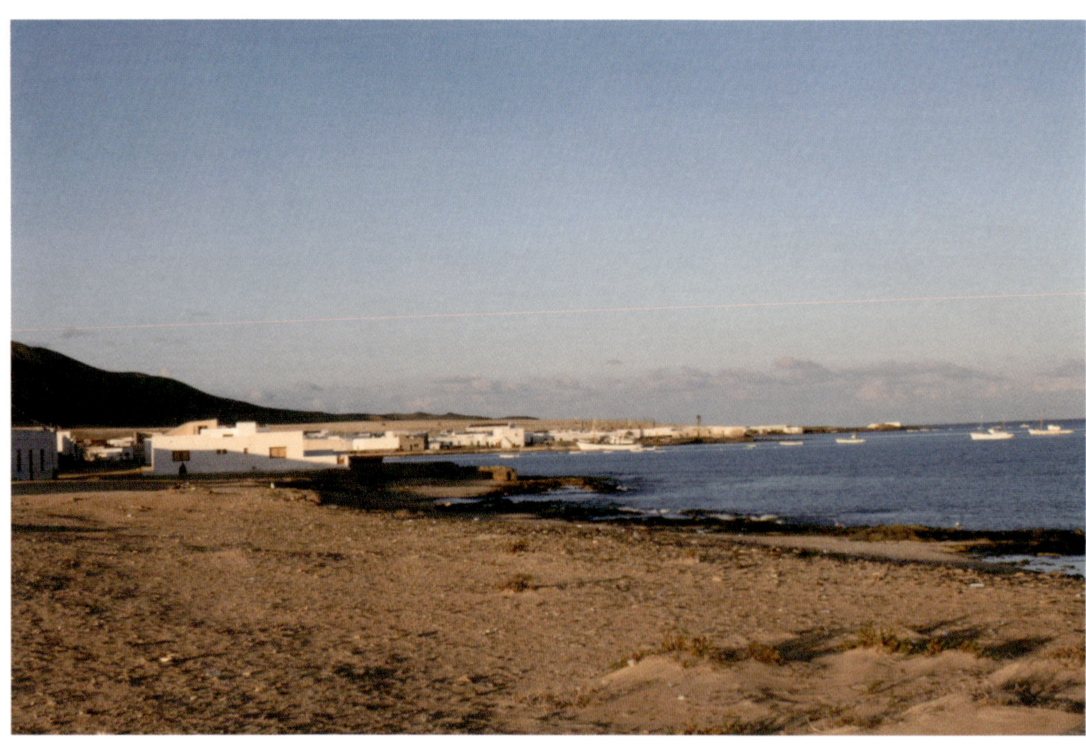

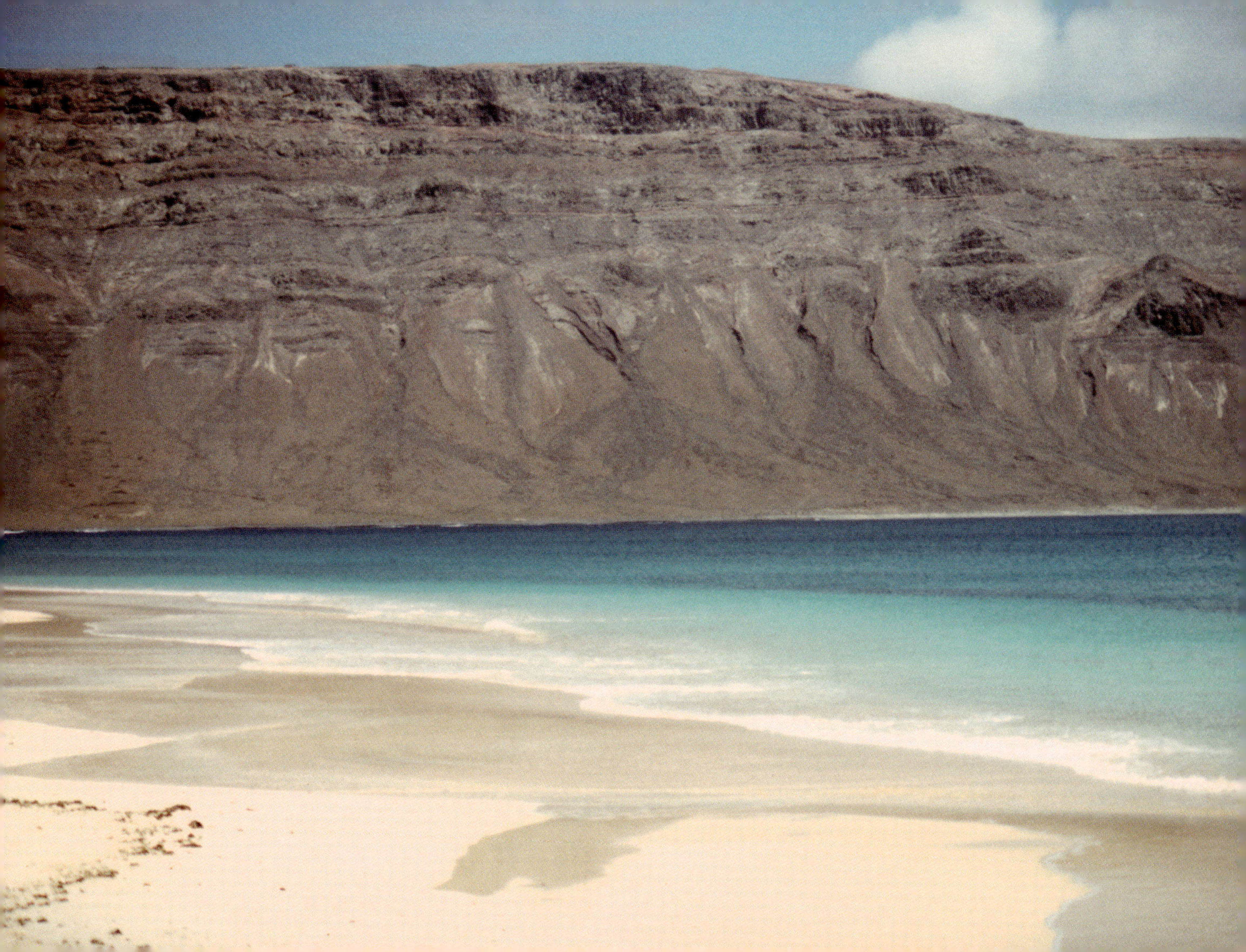

Un día estábamos en la entonces solitaria playa Francesa y Nick, vestido con un abrigo de punto y un bañador, se cayó al mar al intentar varar el barco. Al llegar al pueblo horas más tarde, todos se reían de la caída de Nick, ¿cómo se habían enterado si en la playa no había nadie? El pastor de cabras nos había visto desde arriba y lo había contado en el pueblo. Todavía no había teléfono, sólo una pequeña estación de telégrafo y la misma necesidad eterna del hombre de comunicarse. Si las noticias siempre llegaban de una manera u otra, ¿para qué soñar con internet?

Einmal waren wir am damals einsamen Strand „Playa Francesa“ und Nick wurde beim Ankern unseres kleinen Bootes von einer Welle ins Wasser gerissen. Er hatte einen Pullover an, der dabei nass wurde. Als wir später ins Dorf zurückkamen, machten sich alle über Nicks ungewolltes Bad lustig. Aber woher hatten sie das gewusst, wenn sonst niemand am Strand war? Der Ziegenhirte hatte uns von oben beobachtet und im Dorf berichtet. Damals gab es kein Telefon, nur eine kleine Telegraphenstation und das ewig gleiche Bedürfnis nach Kommunikation. Wenn die Nachrichten so oder so übermittelt werden können, warum ans Internet denken?

One day we were at the then deserted Francesa beach and Nick who was wearing a pullover and swimming trunks, fell into the sea while trying to run the boat ashore. Hours later when returning to the village, everyone was laughing about Nick's fall. How could they know if there hadn't been anyone at the beach? The goat herder had seen us from the top of the hill and had told everyone. At that time, there were no telephones, only a small telegraph station but there was the eternal need to communicate. If news arrived one way or another, why dream of the internet?

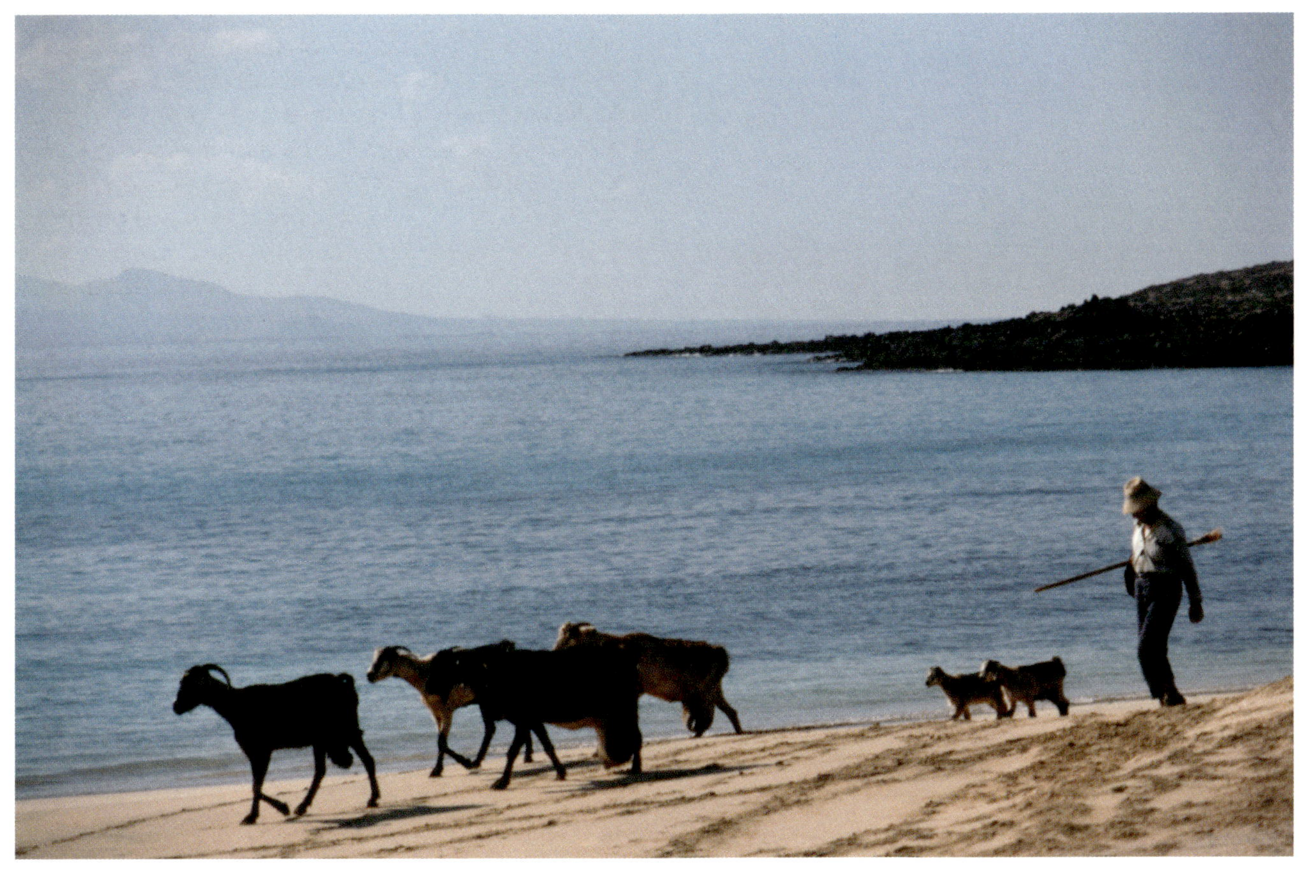

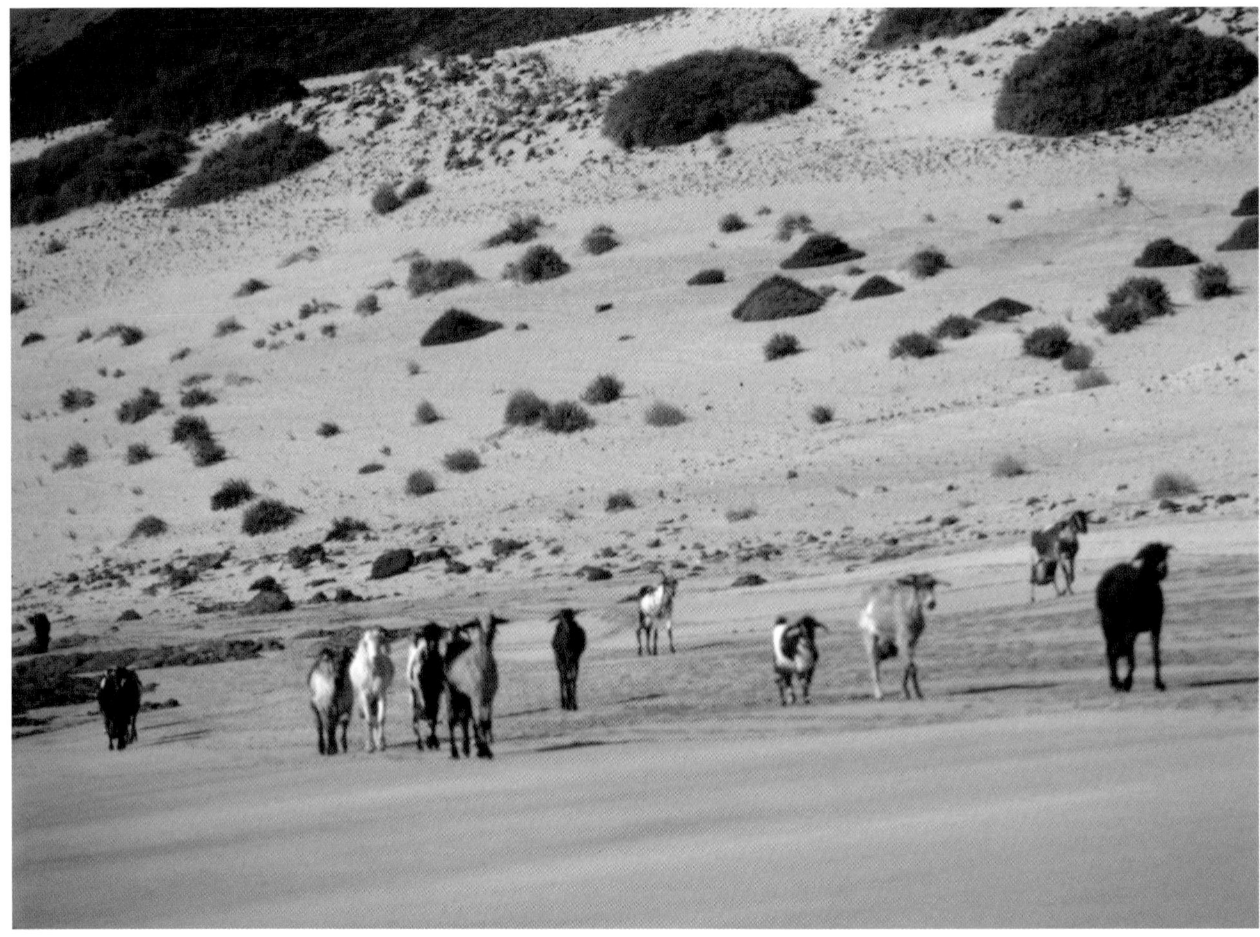

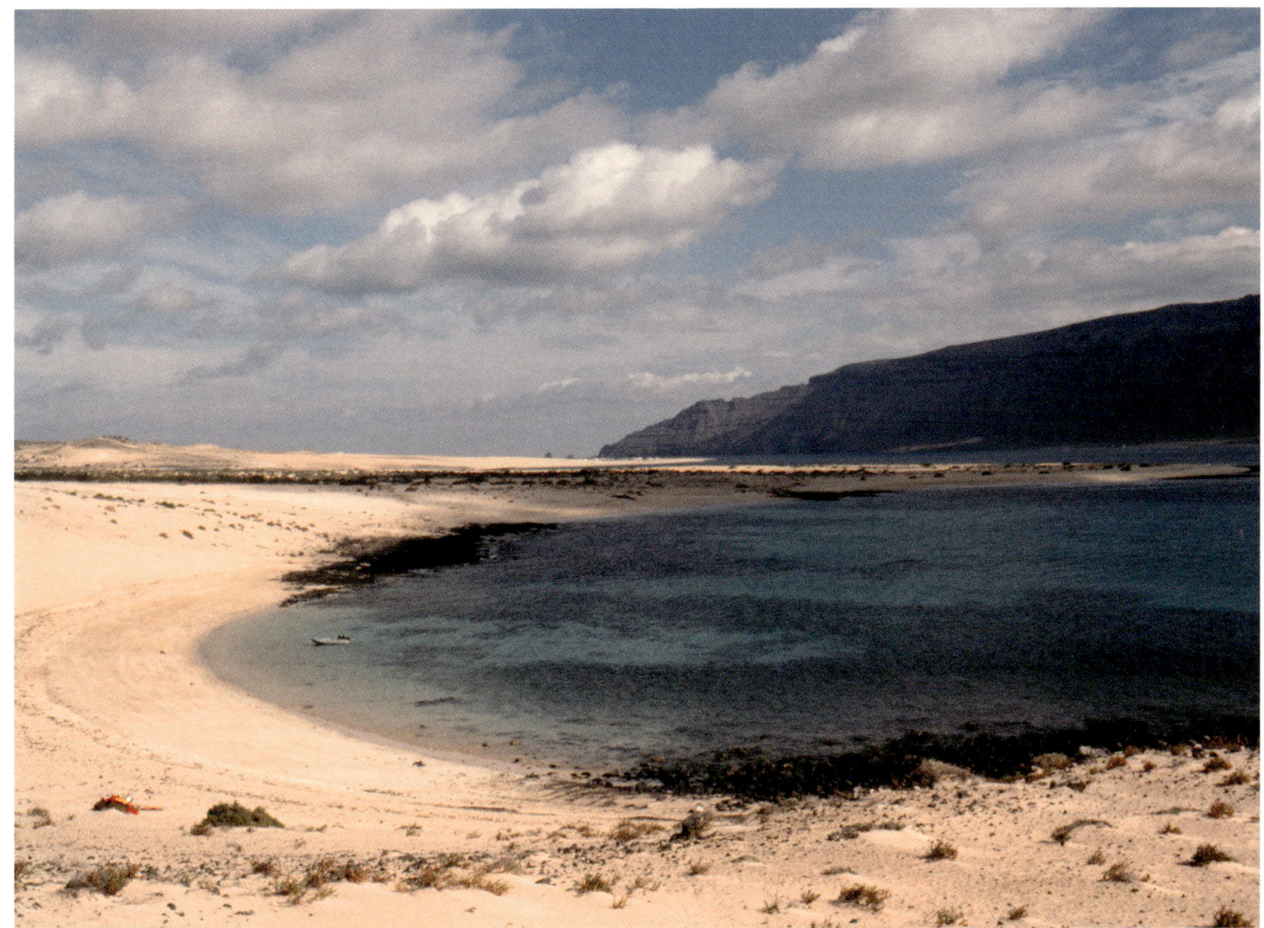

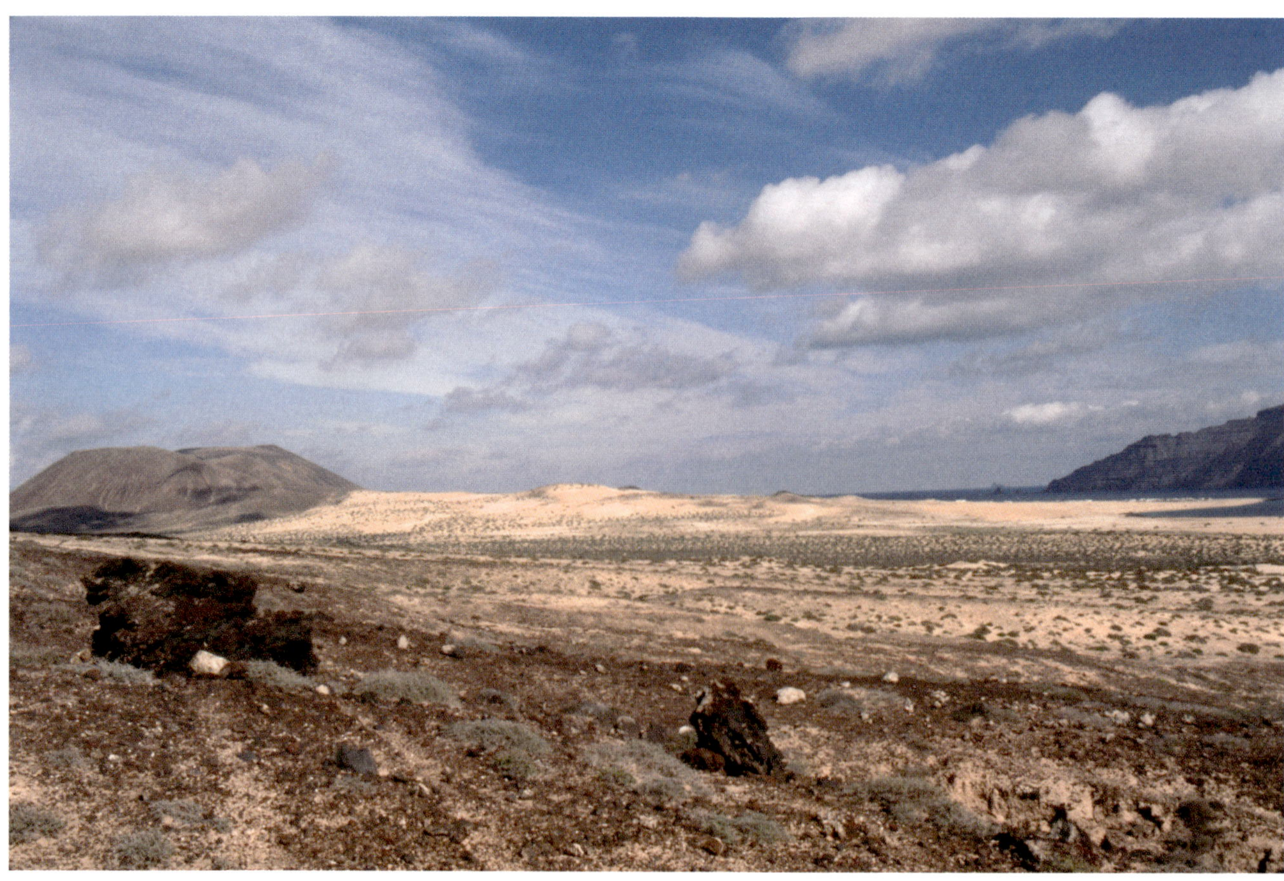

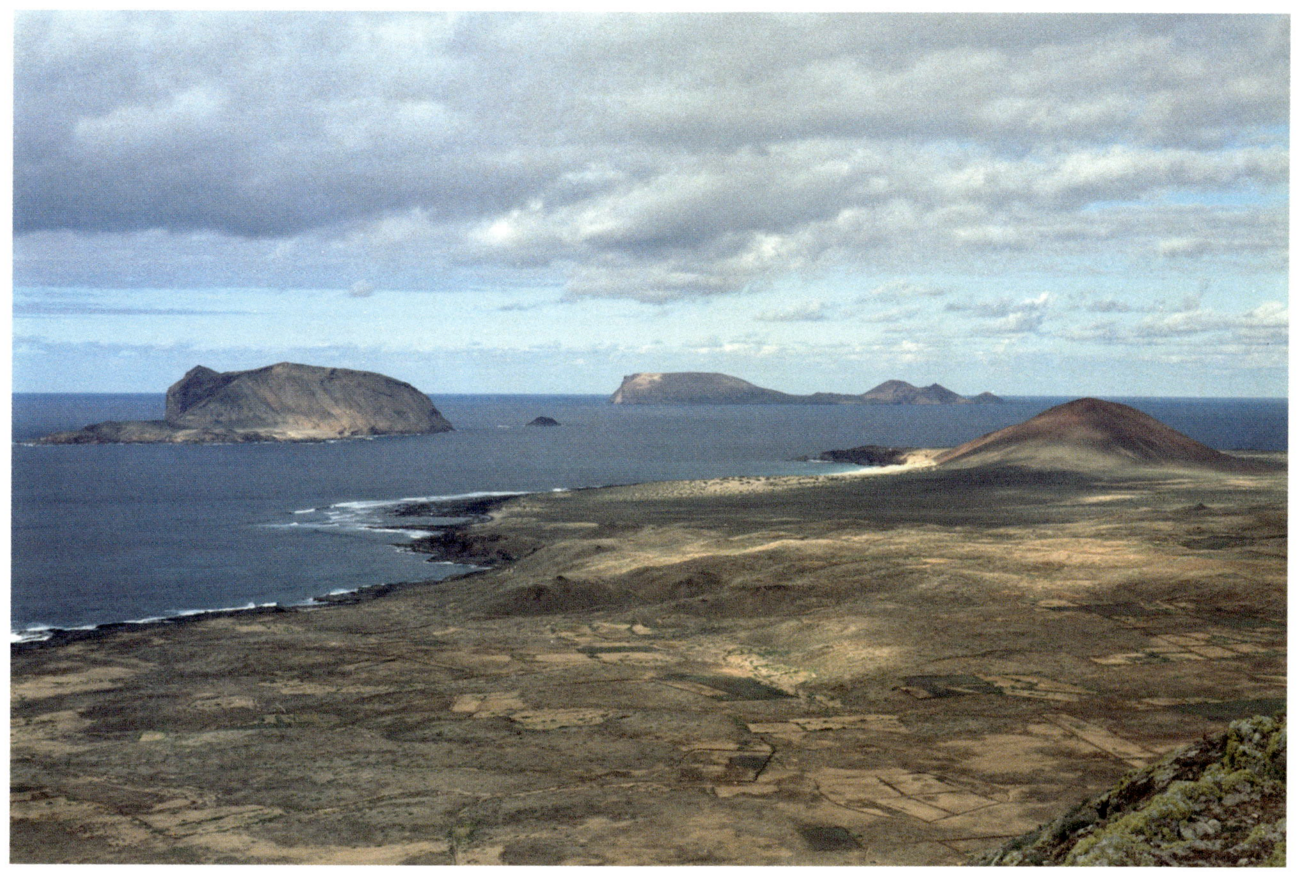

Pedro Barba

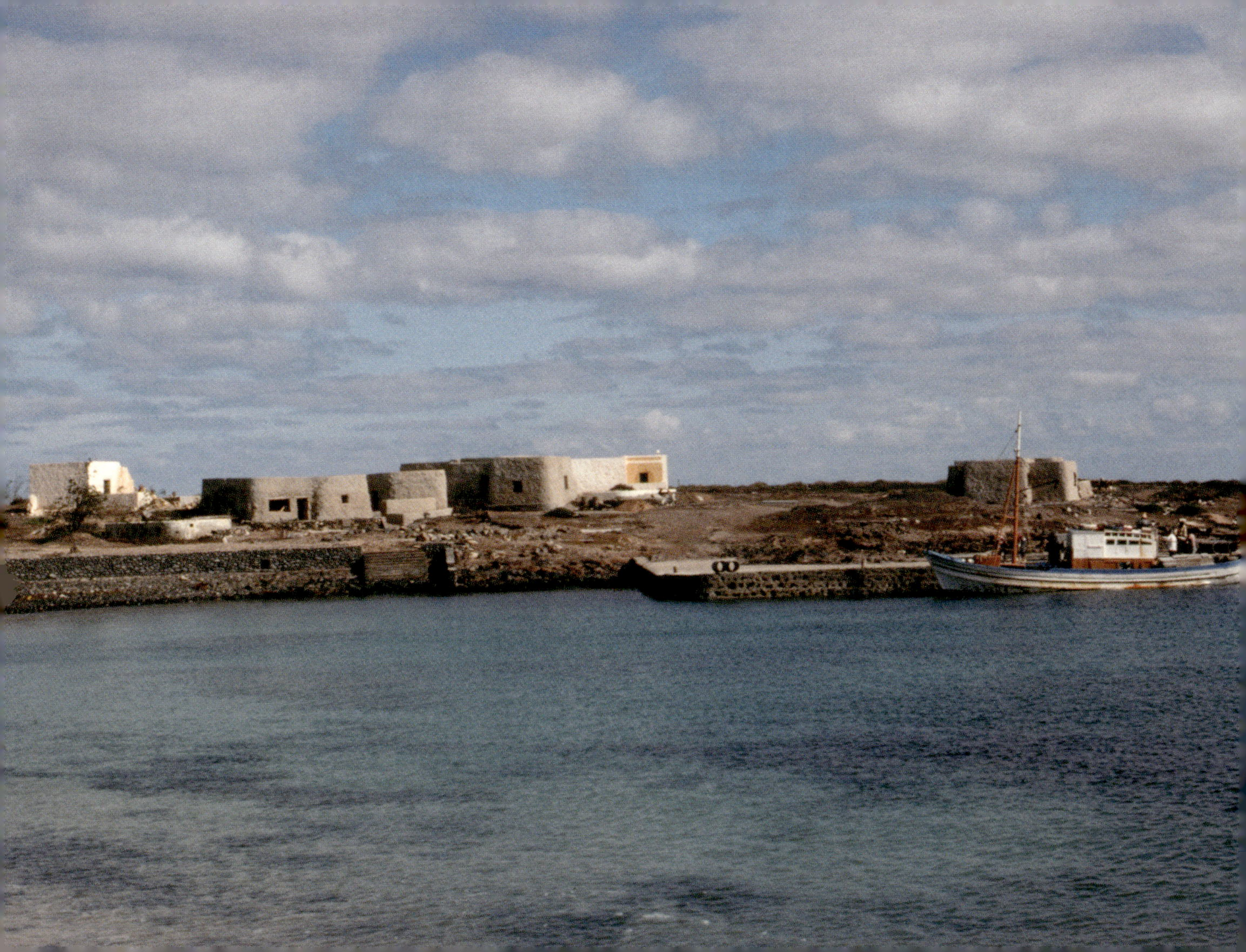

Patrick y Silvia fueron la primera pareja extranjera que vino a vivir a La Graciosa en los años sesenta. Eran ingleses, él era profesor de arquitectura en Oxford y ella pintora. Patrick y José Juárez idearon los planes arquitectónicos para reformar el pueblo de Pedro Barba. Fueron grandes amigos nuestros durante años, como muchos gracioseros adultos y un tropel de niños siempre pendientes de curiosear la novedad que nosotros representábamos. Al principio éramos extraños, luego conocidos, después amigos y al final nos convertimos prácticamente en parte de la familia. Lazos de unión irrompibles porque están tejidos de recuerdos de vida compartida.

Patrick und Silvia waren die ersten Ausländer, die in den 60er Jahren sich entschieden haben, auf La Graciosa zu leben. Sie waren Engländer, er ein früherer Architekturprofessor aus Oxford, sie Malerin. Zusammen mit José Juarez hat Patrick die Pläne zum Umbau vom Dorf Pedro Barba erstellt.Wir waren jahrelang eng mit ihnen befreundet. Auch viele Gracioseros waren unser Freunde, unter ihnen die vielen Kinder, die voll Neugier unsere Lebensweise beobachten wollten. Am Anfang waren wir Fremde, mit der Zeit lernten sie uns besser kennen und so wurden wir zu Freunden, für einige fast zu Familienmitgliedern. Unauflösliche Bindungen, weil mit gemeinsamen Erinnerungen verwoben.

Patrick and Silvia were the first foreign couple to settle in La Graciosa in the sixties. They were English, he was a professor of architecture at Oxford, and she was a painter. Patrick and José Juarez devised the architectural plans to reform the village of Pedro Barba. They were good friends for many years, and like many of the local adults and their children, they were fascinated by the novelty we represented. At the beginning we were strangers,then acquaintances, later we became friends and finally we practically became part of the family. Unbreakable ties of relationships weaved by memories of a shared life.

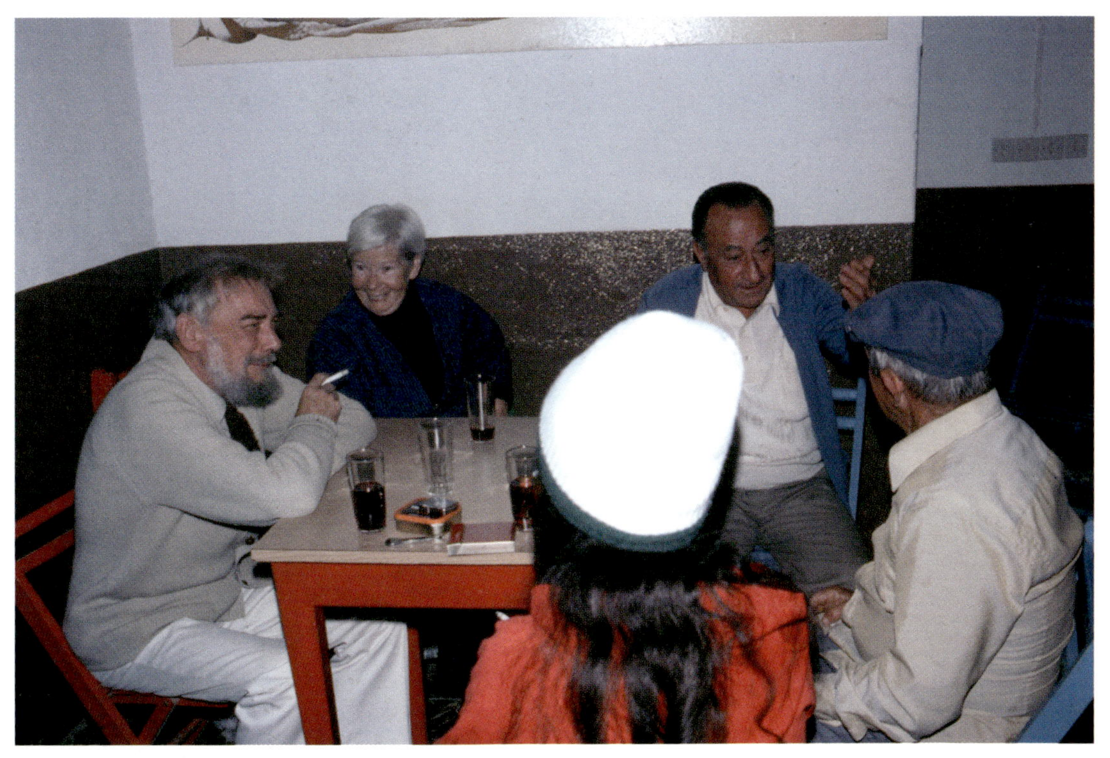

Patricio, Silvia, José Juarez, Jorge Toledo y Elza Carrozza.

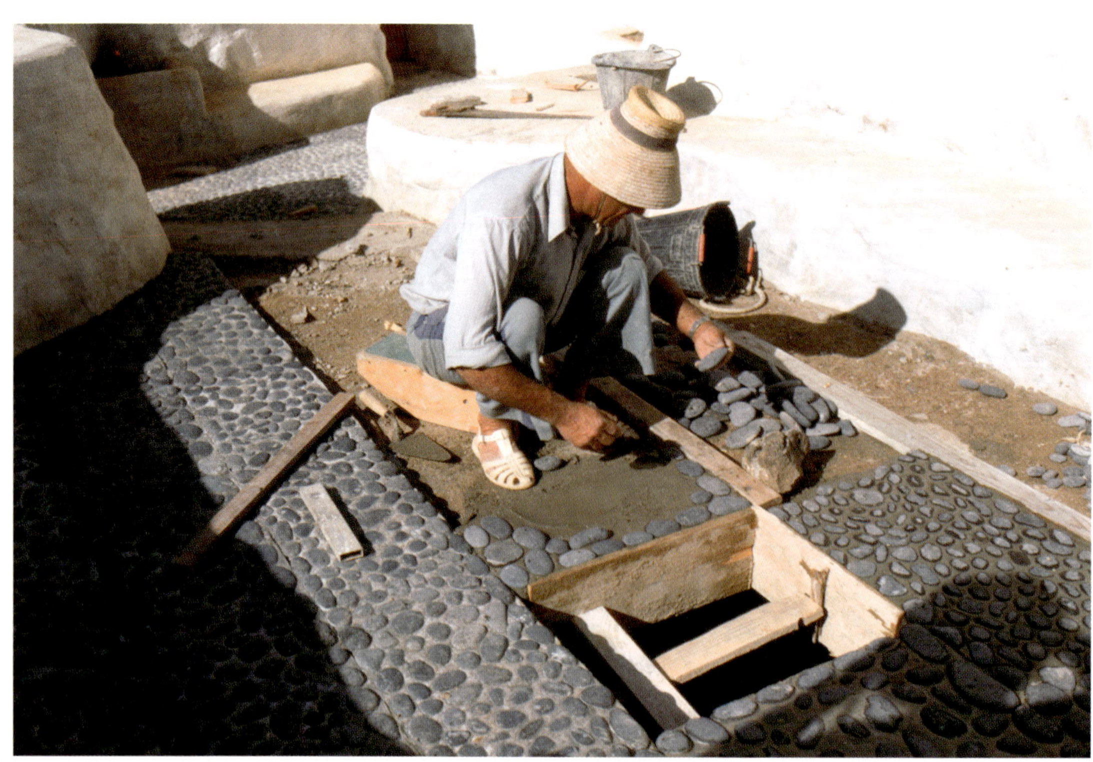

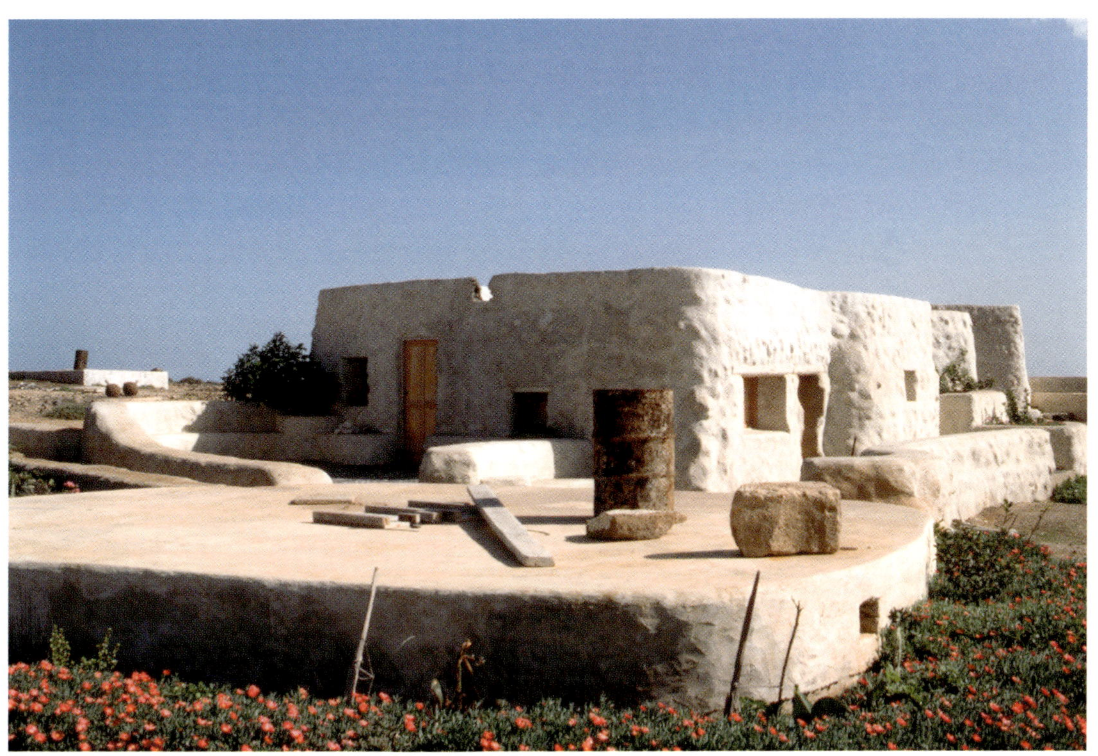

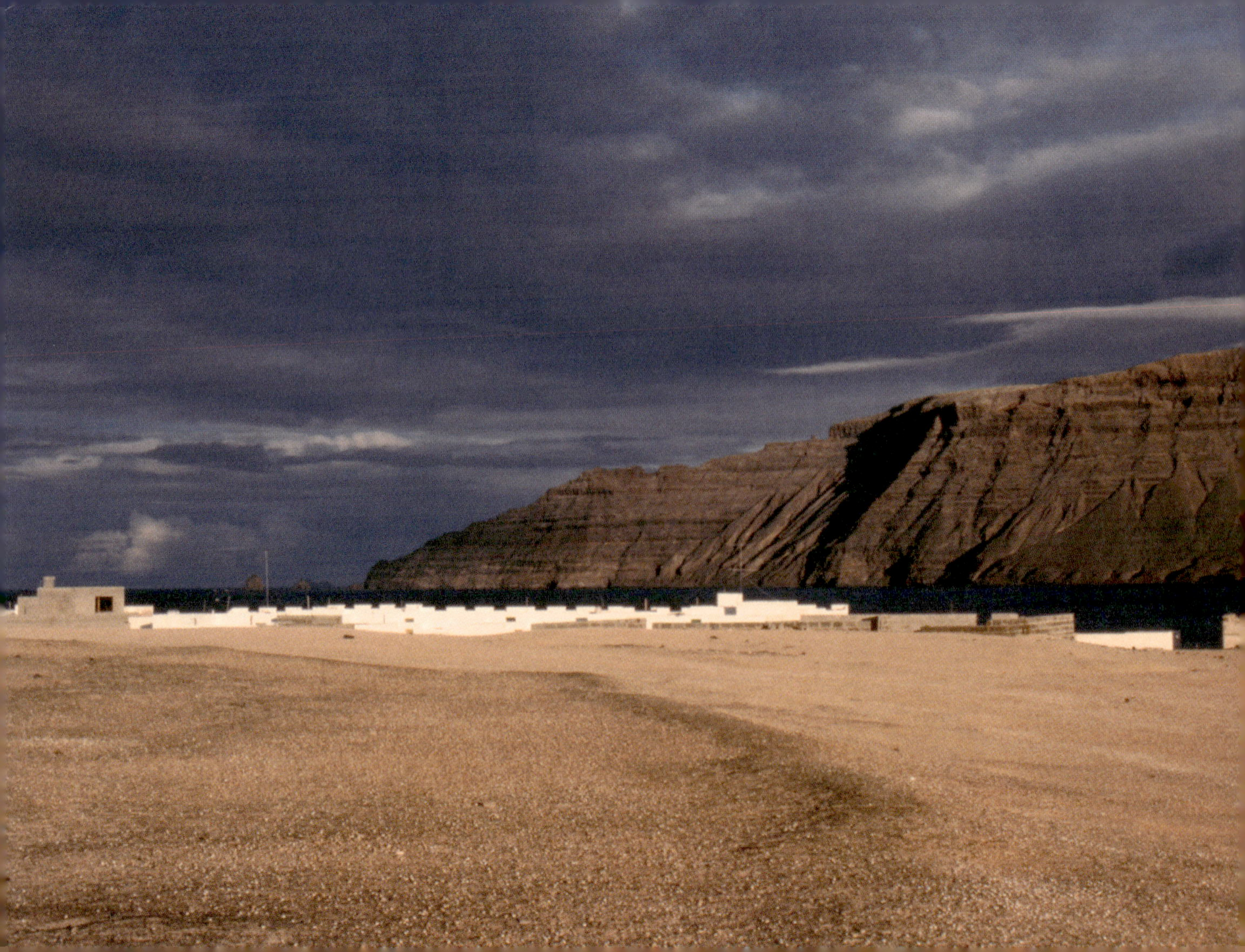

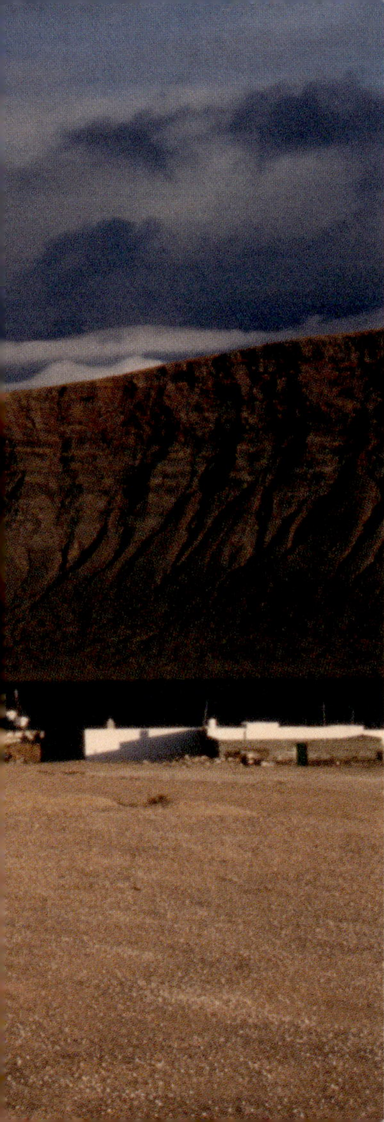

Caleta del Sebo

Cuando llegamos, la gente de La Graciosa tenía una vida muy dura. Hasta finales de los años setenta, cada nuevo matrimonio tenía derecho a 20 litros de agua al día, que se suministraba en una gran lata, o "cacharro", por una peseta. Con la llegada del primer hijo recibían 20 litros más. Pero si tenías dos, tres o cuatro hijos la proporción no aumentaba. No había luz eléctrica, las condiciones de salud eran extremadamente precarias, las infraestructuras educativas muy básicas y las posibilidades de entretenimiento fuera de las que daba la mar eran casi nulas. Años atrás, las condiciones habían sido aún más duras.

Als wir ankamen, führten die „Gracioseros", die Bewoh-ner von La Graciosa, ein sehr hartes Leben. Bis Ende der 70er Jahre hatte jede junge Familie Anspruch auf 20 Liter Wasser täglich, das man in großen Blechbehältern - genannt „Cacharros" - bekam und für die man eine Peseta zahlen musste. Als das erste Kind geboren wurde, hat sich diese Menge Wasser verdoppelt, aber nach der Geburt des zweiten, dritten oder vierten Kindes gab es kein zusätzliches Wasser. Außer dem Wassermangel, gab es dort keinen elektrischen Strom, die Gesundheitsversorgung war spärlich, die Schulbildung sehr mangelhaft und die Beschäftigungsmöglich-keiten beschränkten sich auf die Arbeit am Meer. Früher sollen die Lebensbedingungen noch schwieriger gewesen sein.

When we first arrived, people had a very hard life. Until the end of the seventies, every newly-wed couple were entitled to 20 litres of water per day, which was supplied in a large can, or "pot" for a peseta. With the arrival of the first child, they received 20 litres more, however, the quantity did not increase if they had two, three or four children. There was no electricity, health conditions were extremely precarious, education infrastructures were very basic and there were no other possibilities of earning a living other than from the sea. Years before, the situation had been even more difficult.

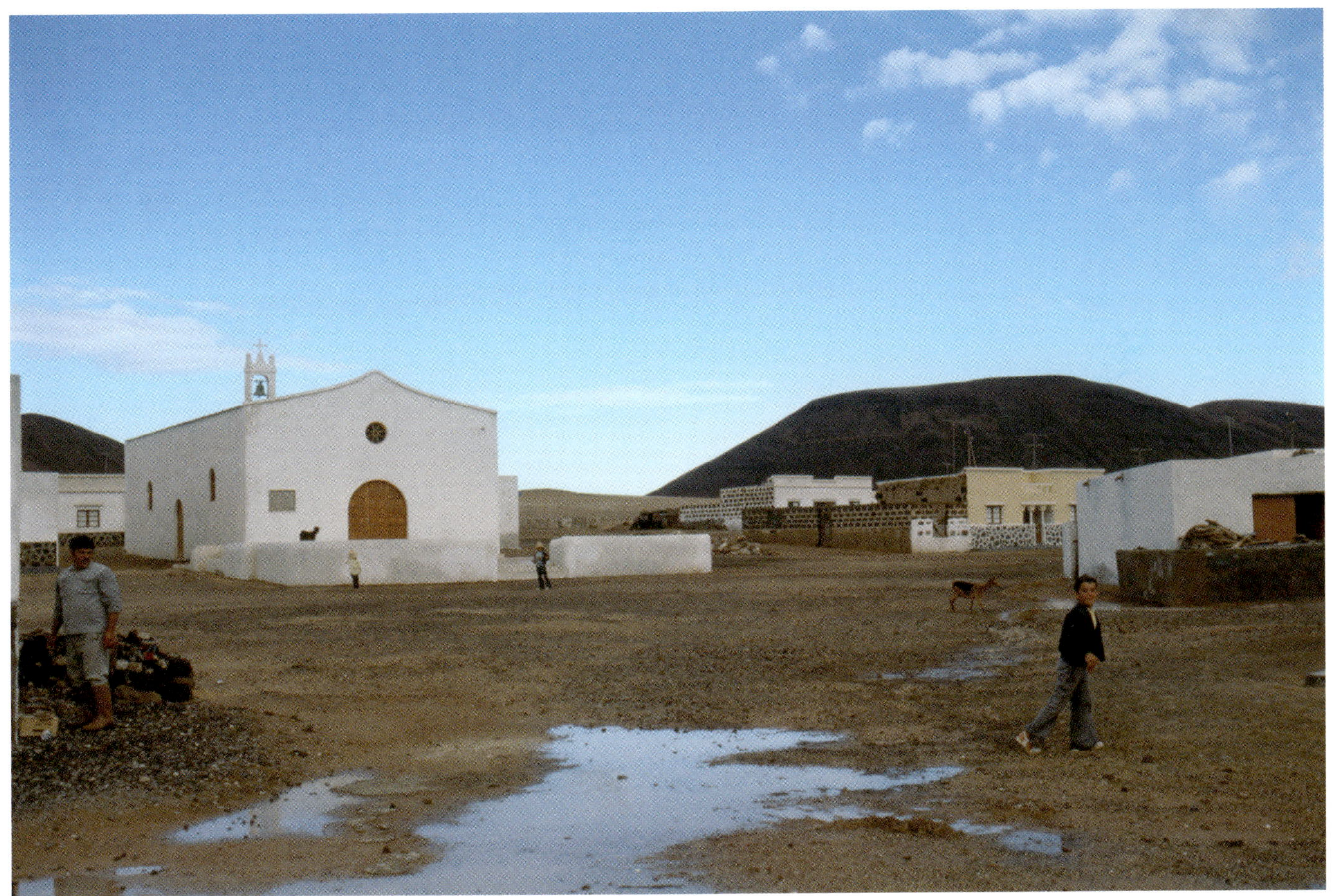

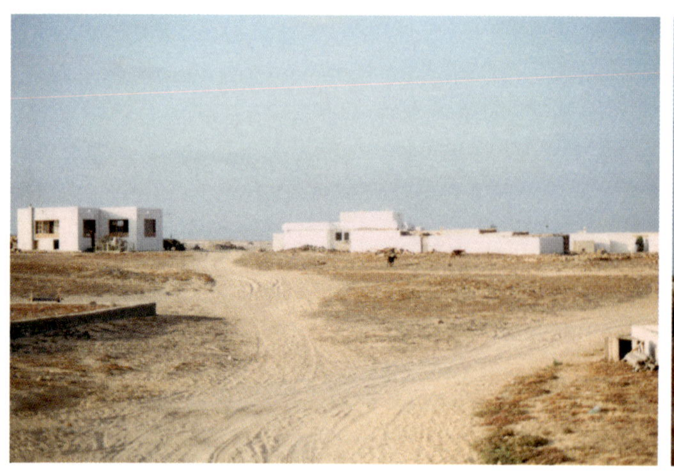

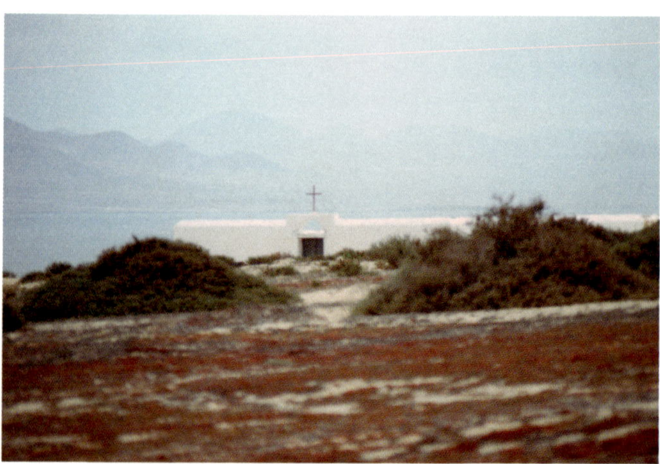

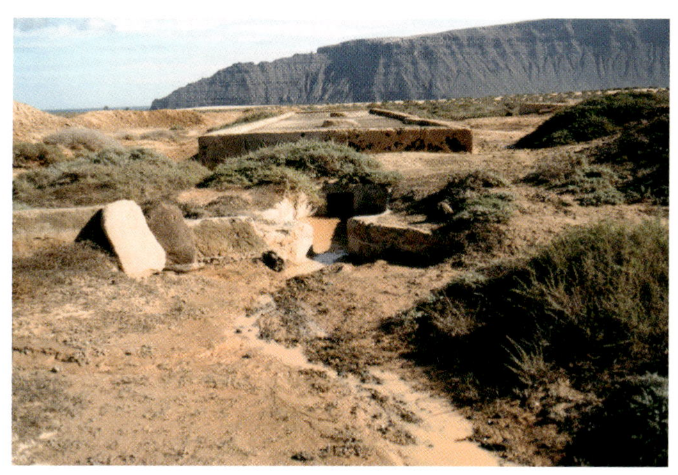

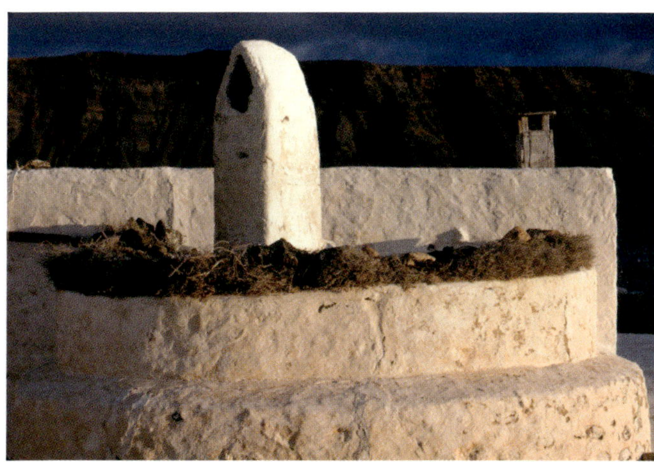

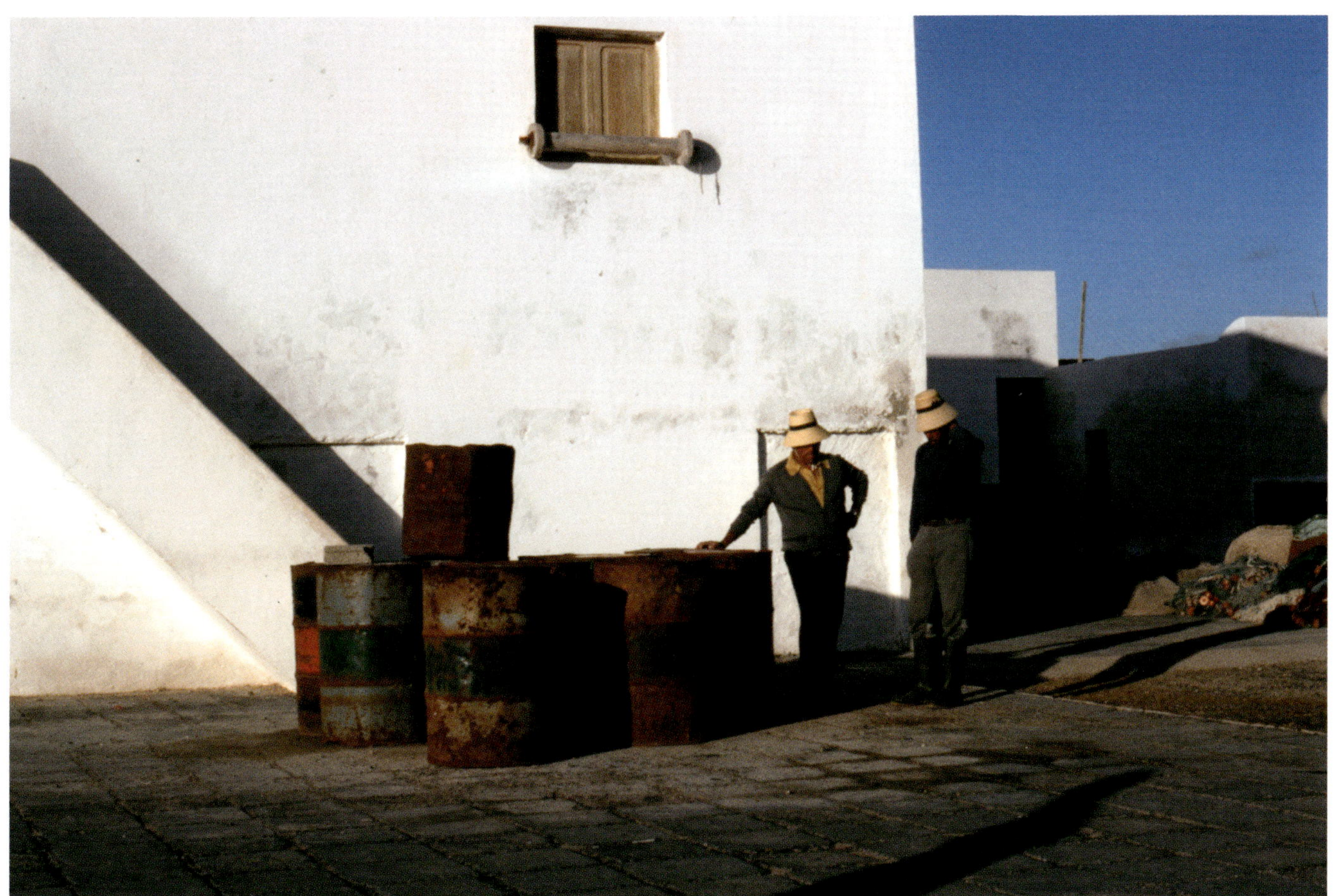

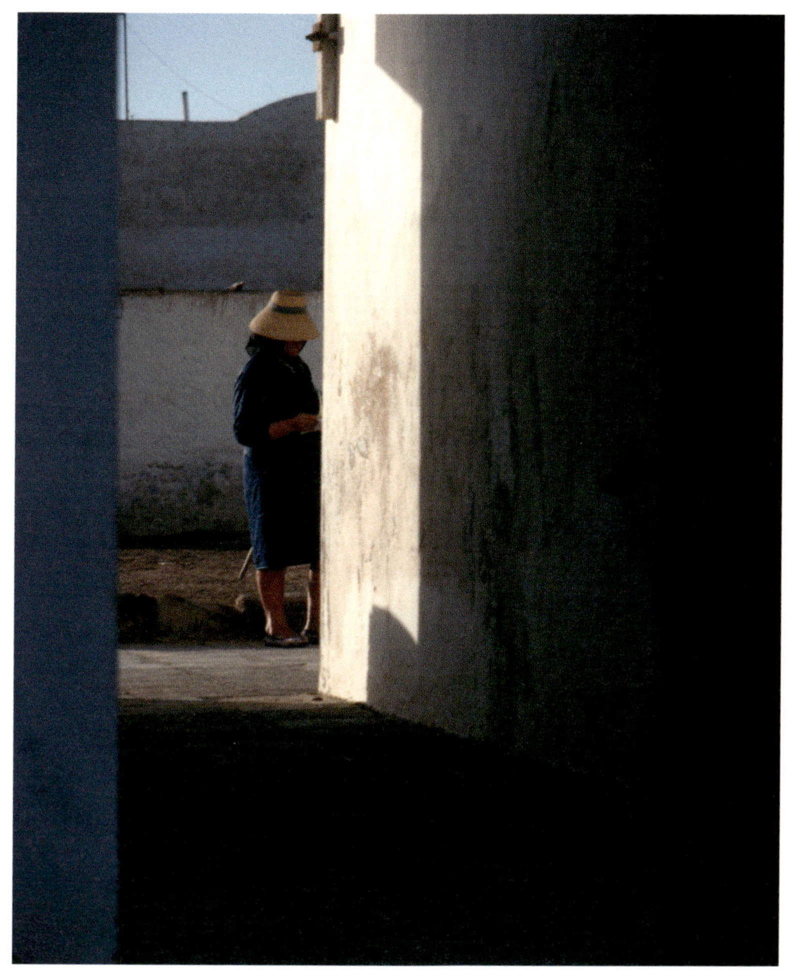

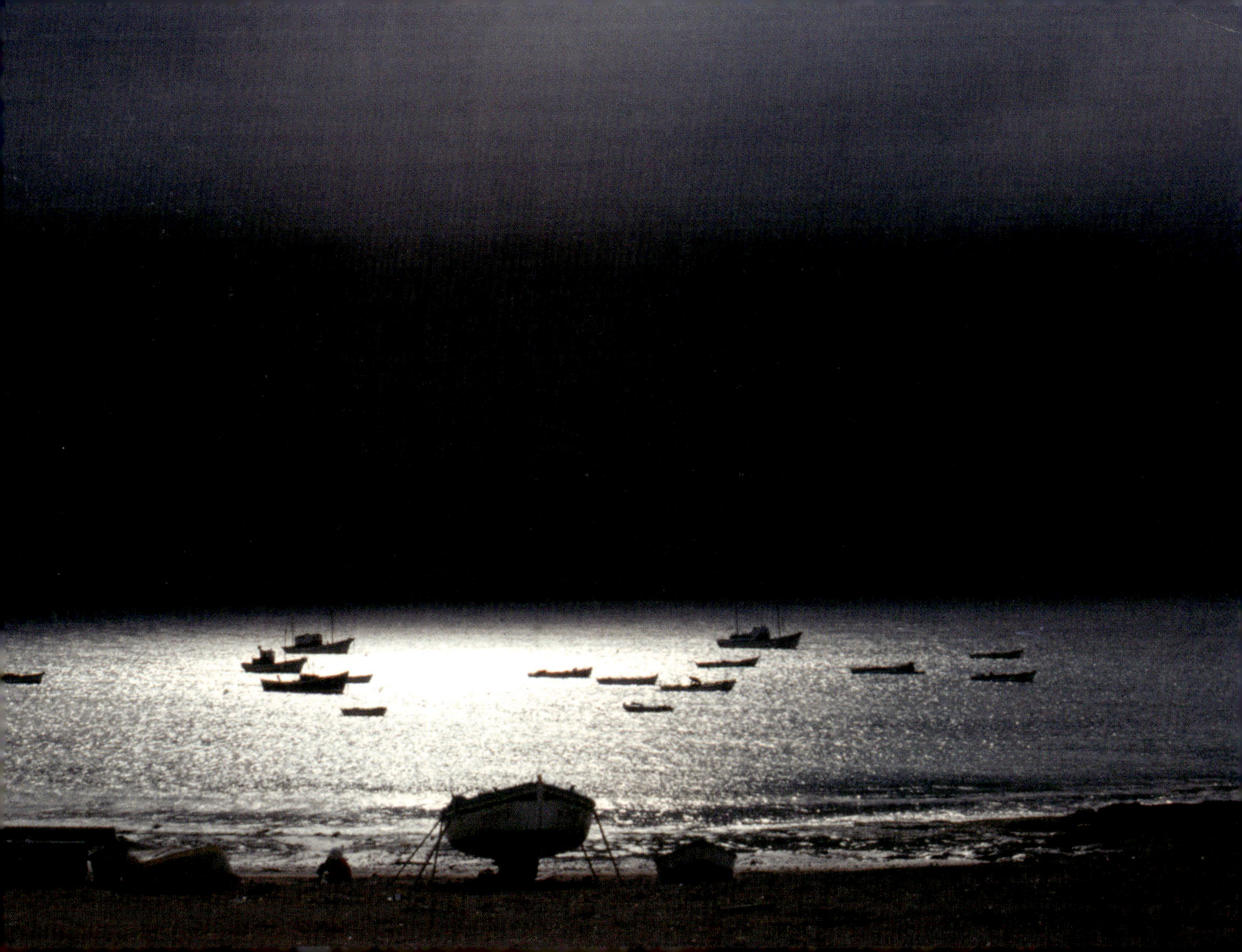

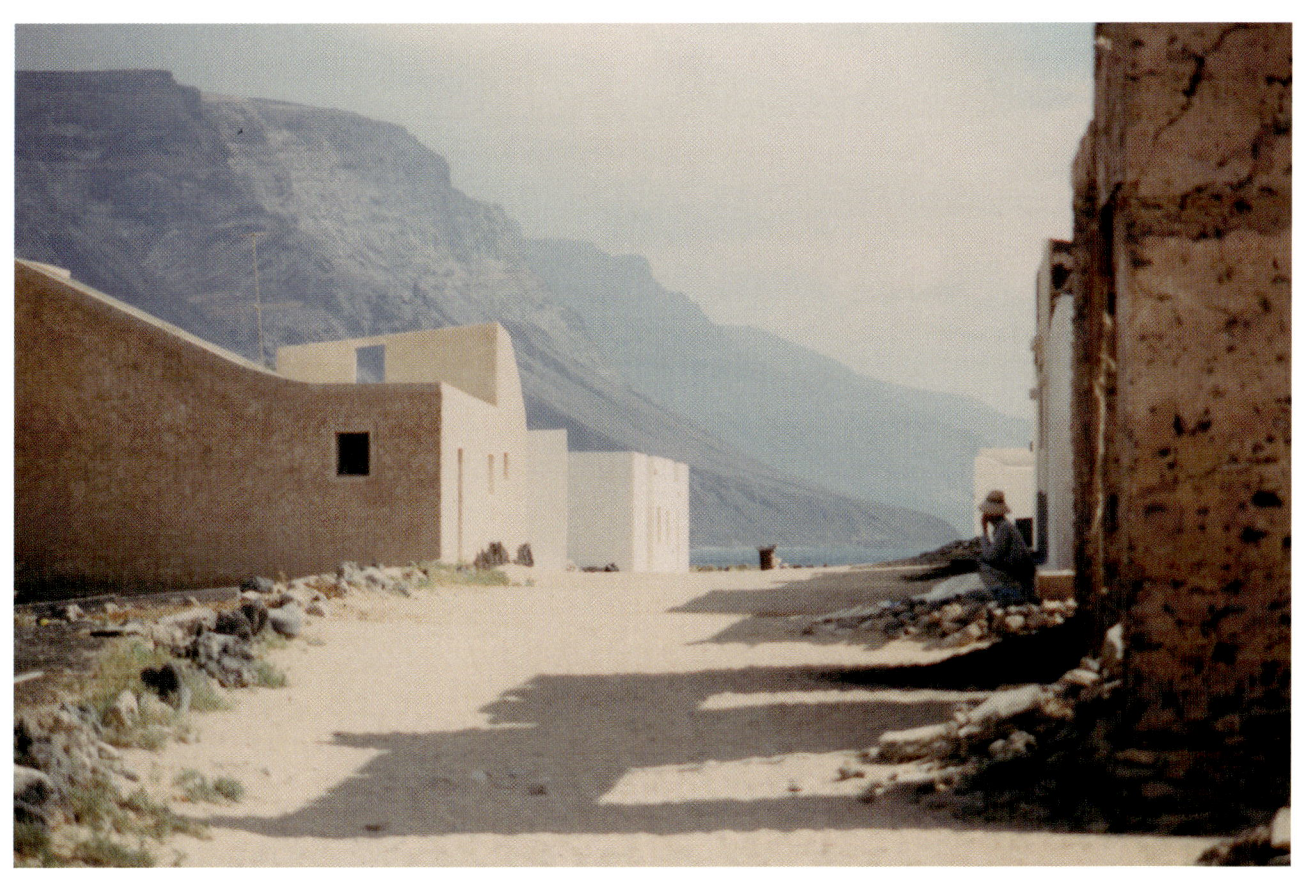

Más que un embarcadero era un ancladero diminuto que tenía un profundo aroma a salitre. Un olor que provenía de los millones de escamas y toneladas de sangre de pescados y pescadores que se habían desparramado por su suelo durante décadas. Aquel muelle "chinijo" era el pequeño pero robusto corazón del pueblo, la puerta por donde entraba y salía la pesca, las provisiones, los esporádicos visitantes, las noticias del exterior, los médicos que raras veces venían a curar a los enfermos…

Eher ein kleiner Anlegeplatz als Hafen, an der Mole von La Graciosa spürte man den Geruch von Millionen Fischschuppen und vom Blut der Fische und der Fischer, das dort Jahrzehnte lang vergossen wurde. „Chinijo", winzig war dieser Hafen, er verkörperte aber das starke Herz des Dorfes, er war die Tür, durch die die Produkte des Meeres und der Proviant kamen und gingen, wie auch die alkoholischen Getränken, die gelegentlichen Besucher, die Nachrichten von Außen, die Ärzte, die selten eintrafen um die Kranken zu versorgen…

More than being a pier, it was a small anchorage with a distinct smell of salt residue. A smell that came from the millions of fish scales and tons of fish and fishermen's blood that had been spilled on the ground for decades. That little pier was the small but sturdy heart of the village, the opening through which the fishing entered and left, as did the supplies, the occasional visitors, the news from the outside world, the doctors that seldom came to cure the ill...

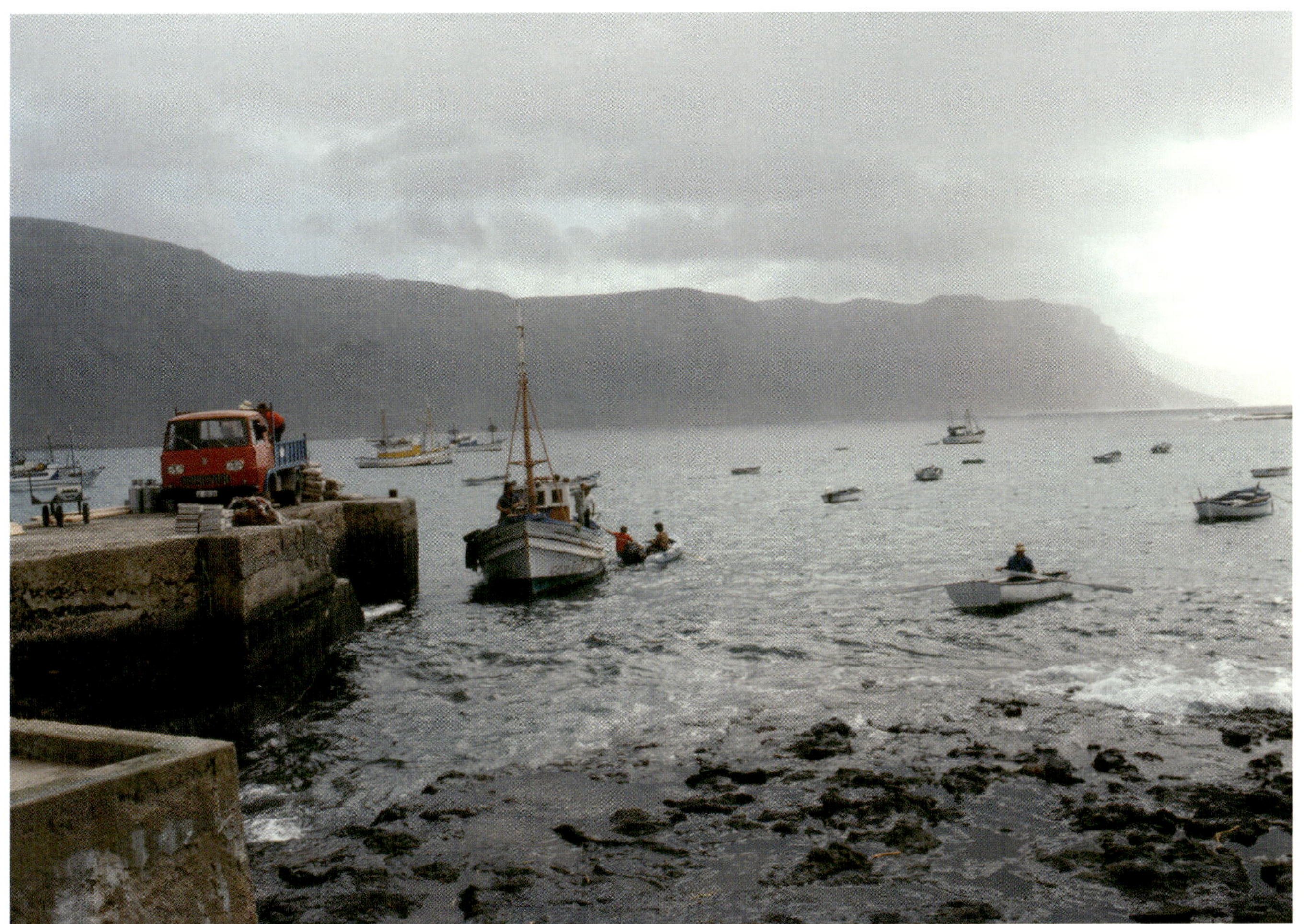

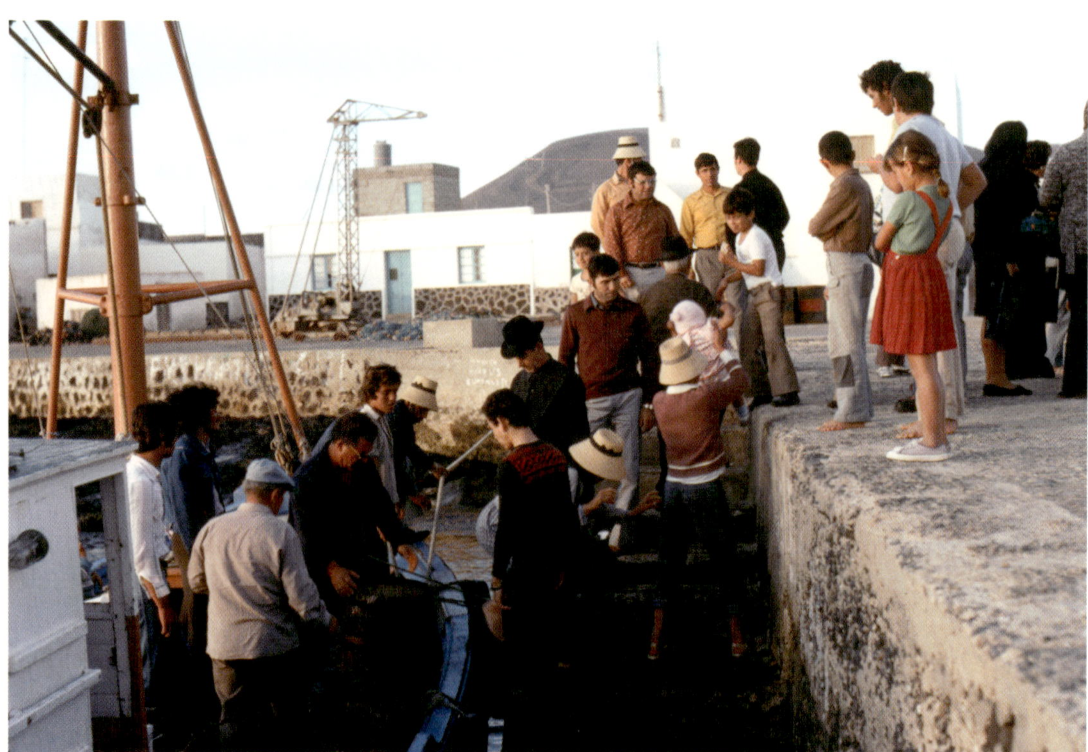

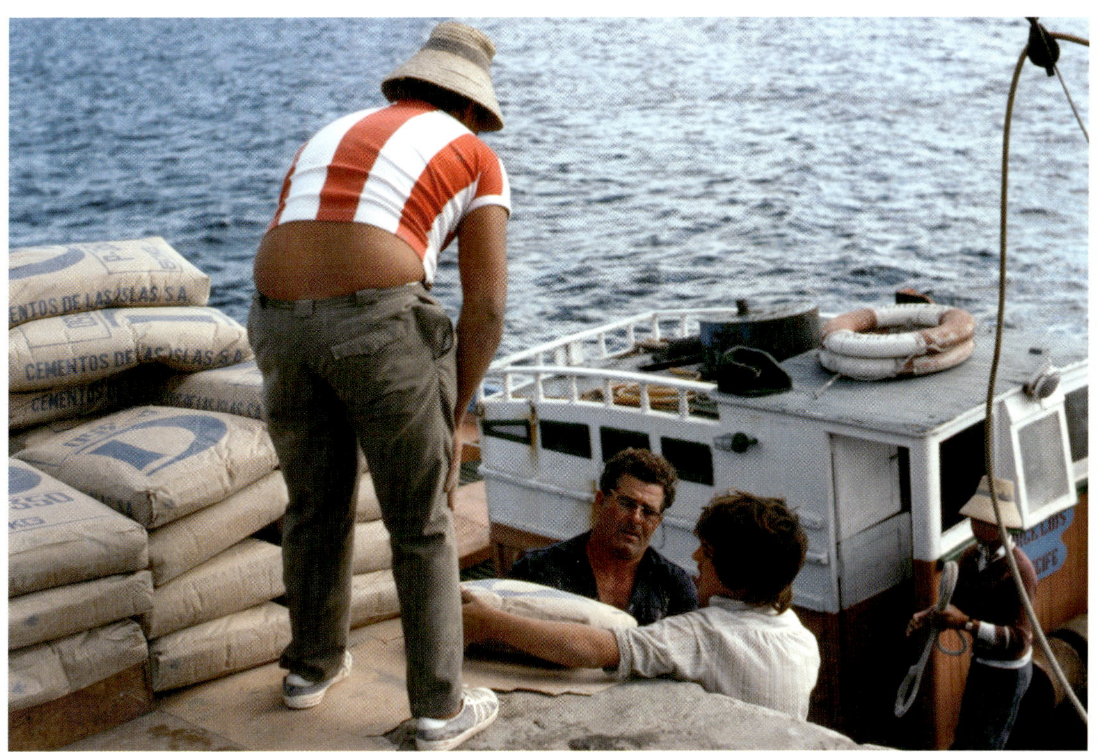
ENTOS DE LAS ISLAS S.A.

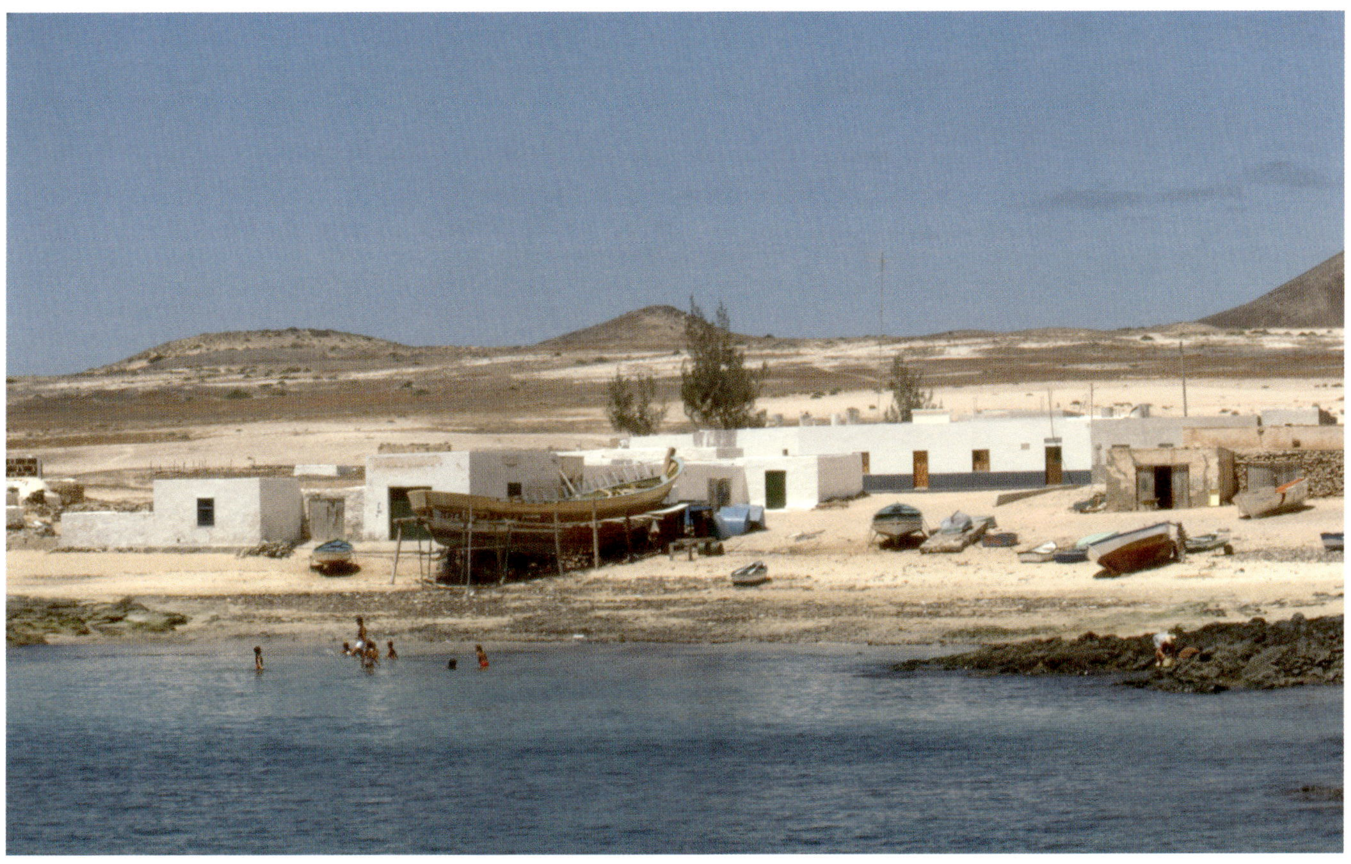

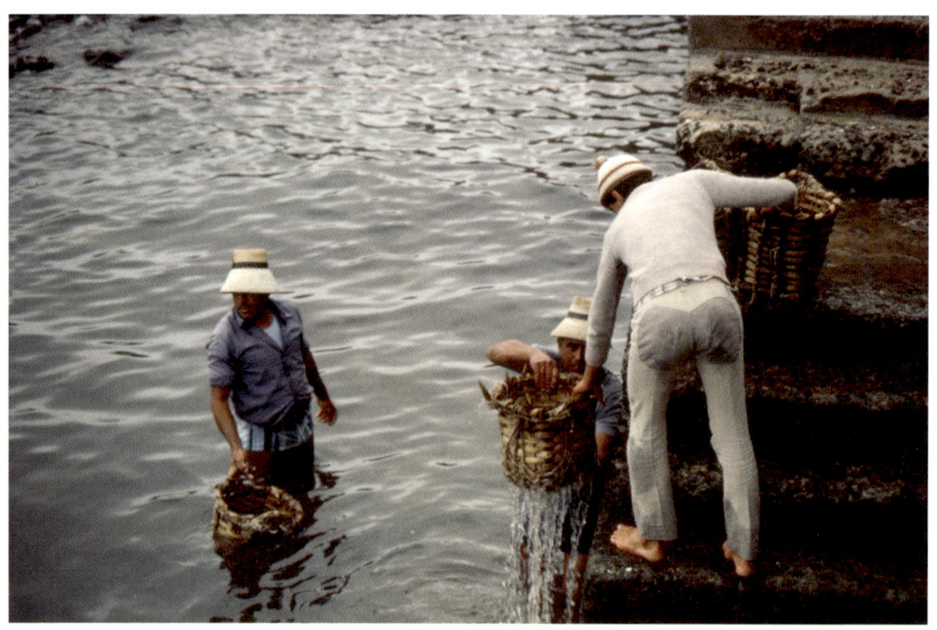

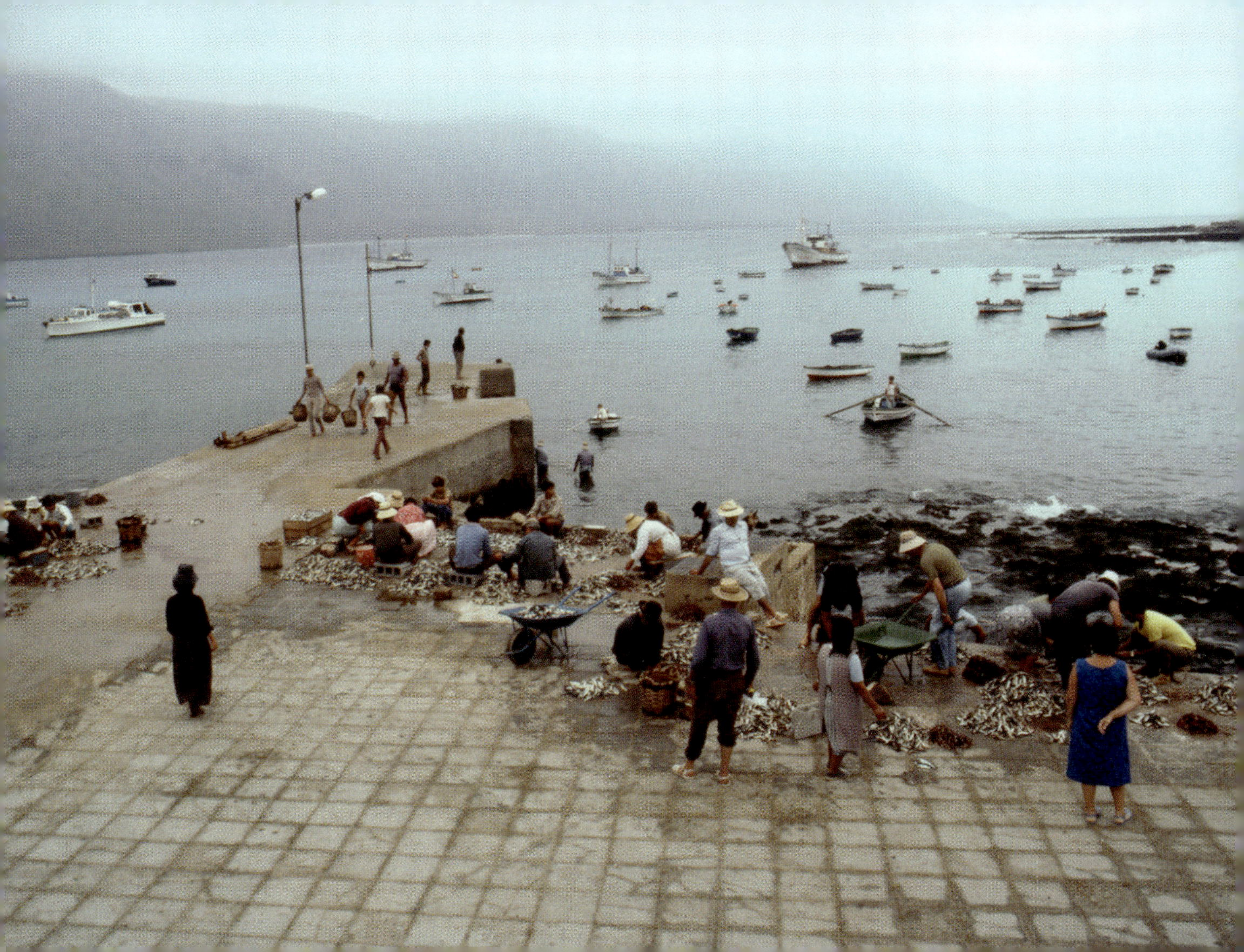

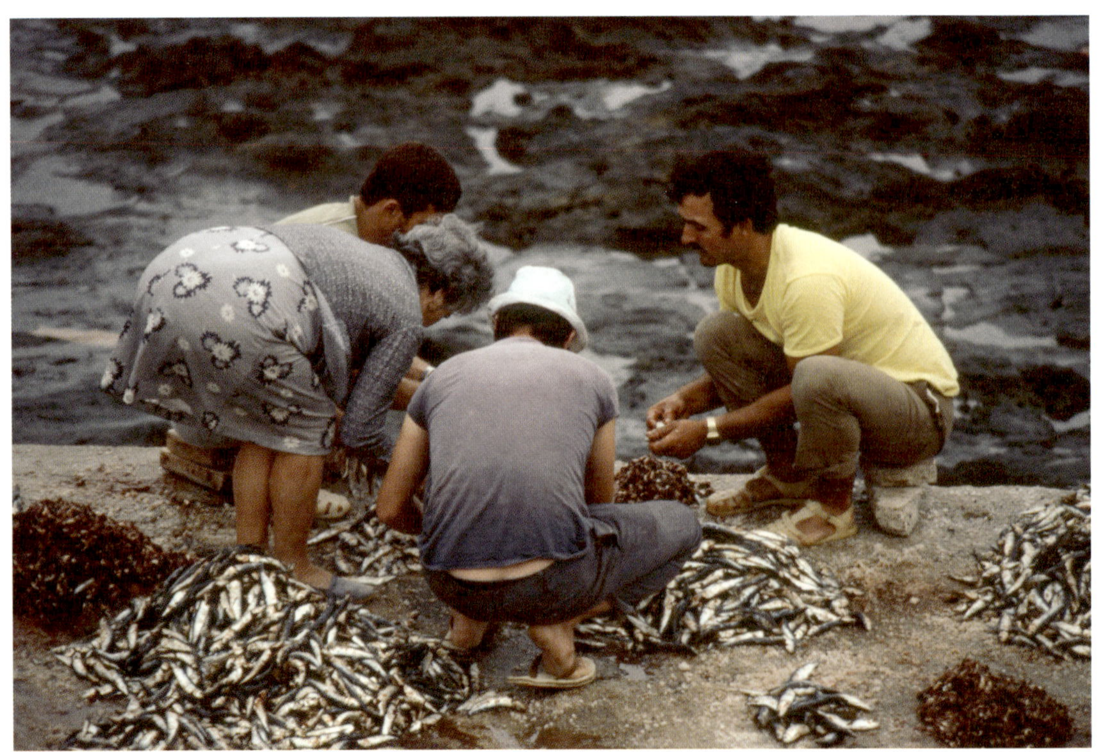

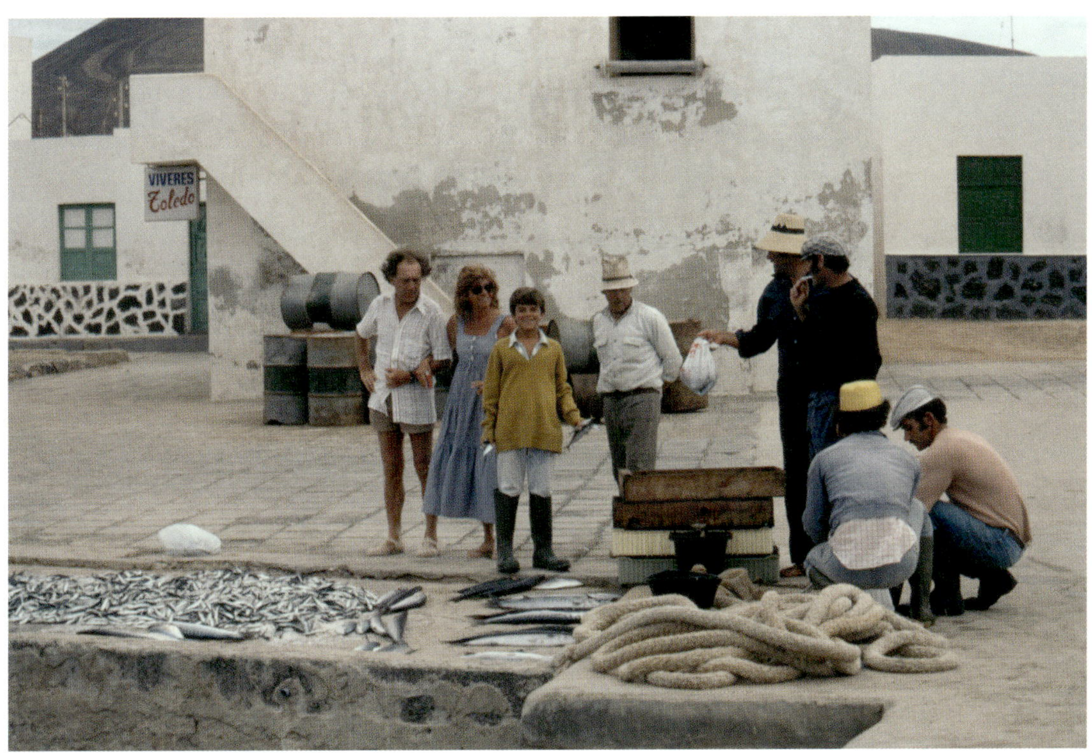
VIVERES
Toledo

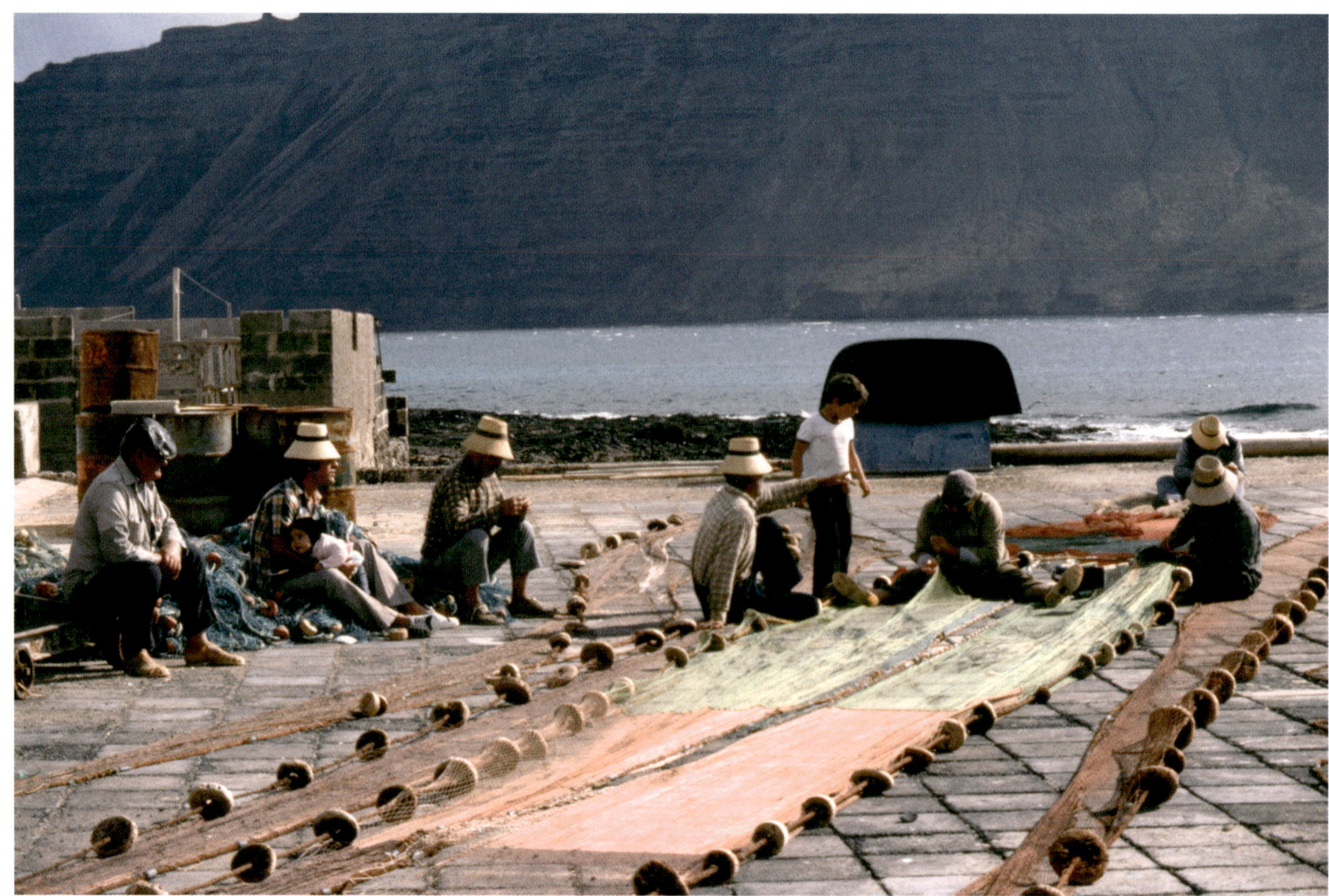

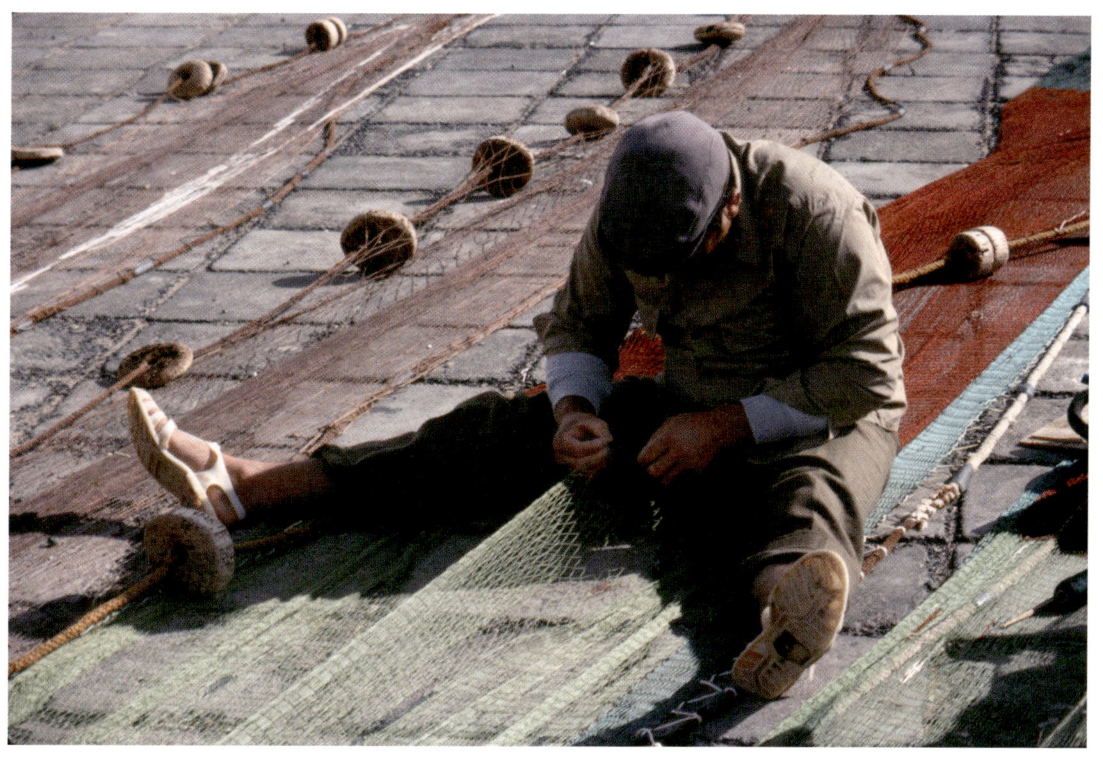

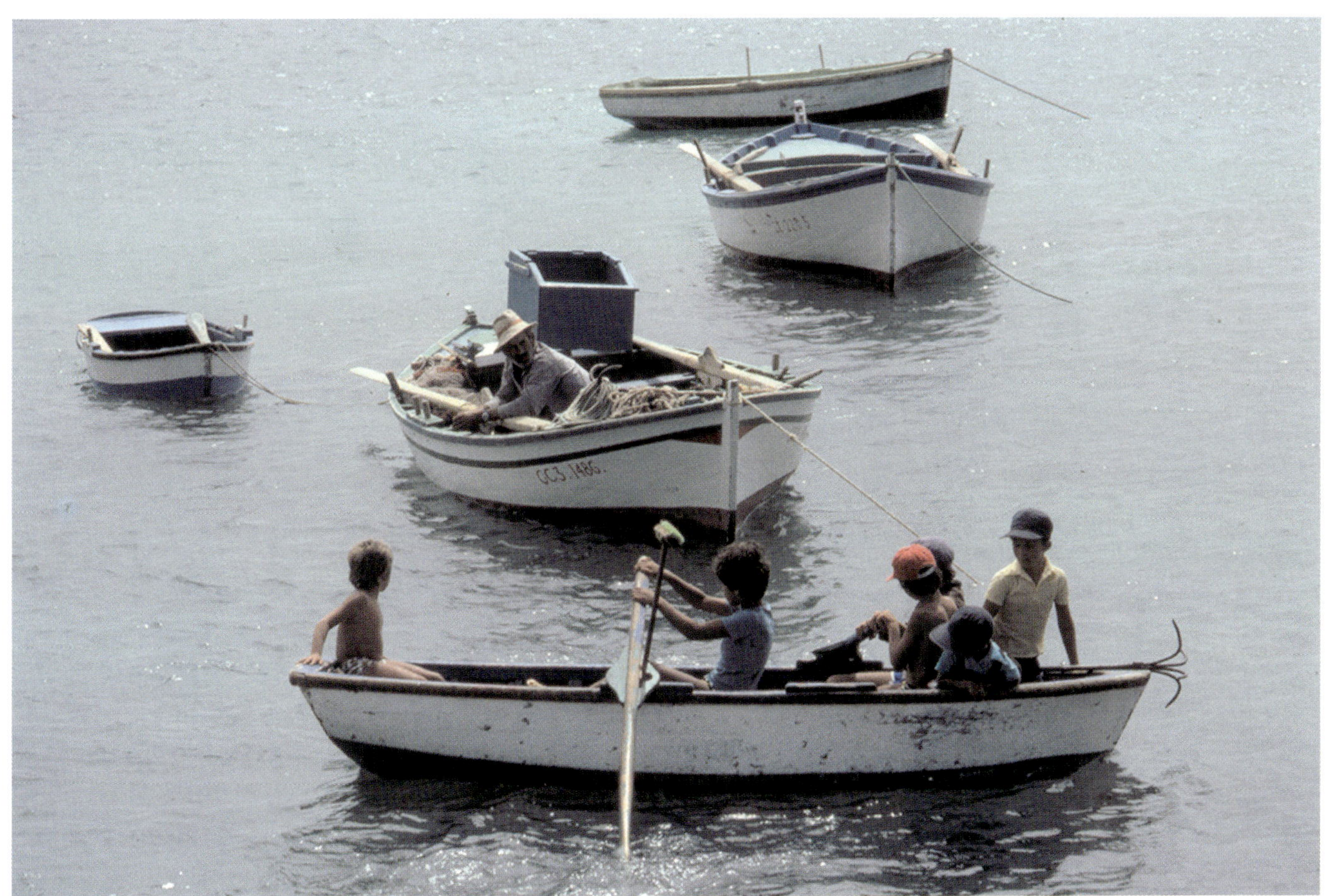

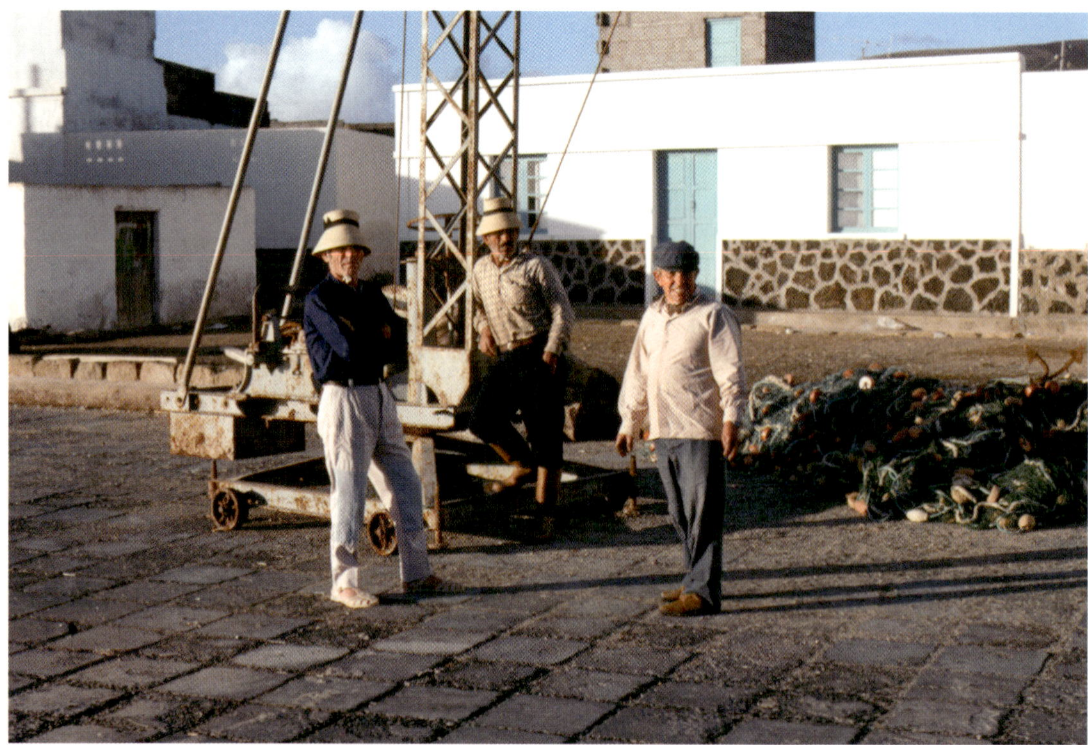

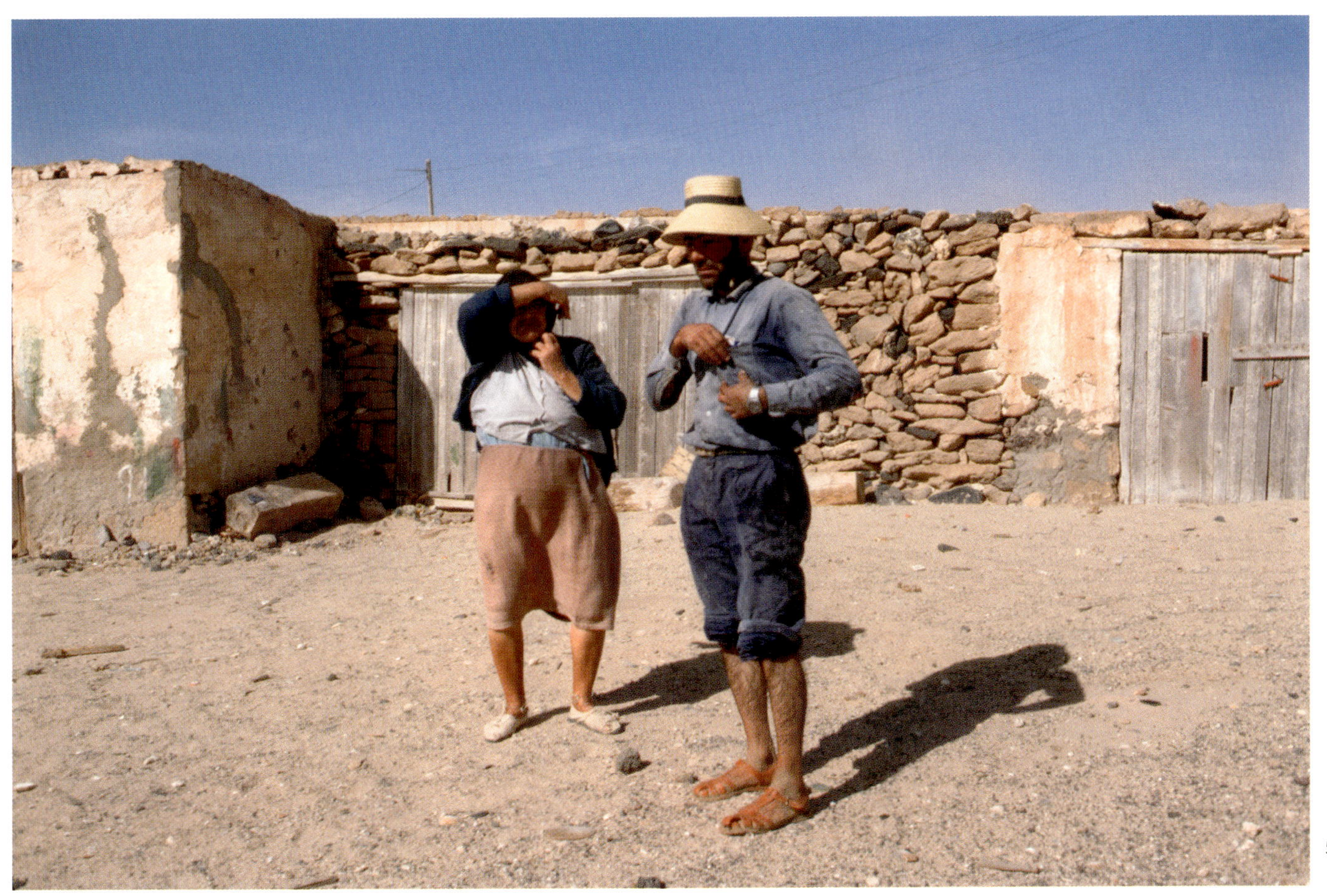

Agua, arena y viento. Siempre. En todos lados. Vivir cada día pendiente de la naturaleza. Y cuando llegan los temporales que levantan muros de agua y agitan el aire hasta rozar la locura, ¿estarán bien los hombres en la mar? Mar que ofrece pesca fecunda. Mar que se puede encrespar en minutos hasta hundir los diminutos barcos de los gracioseros. Océano que amo, océano que temo.

Wasser, Sand und Wind. Immer wieder und überall. Die tägliche Abhängigkeit von der Natur. Und wenn die großen Stürme den Fischerbooten mit Wellenbergen und heftigen Böen zusetzten - alle Gedanken richteten sich auf die Männer auf See. Meer, das reichen Fischfang versprach. Meer, das sekundenschnell sich aufwirbeln und die winzigen Boote der Gracioseros versenken konnte. Geliebtes, gefürchtetes Meer.

Sea, sand and wind. Always. Everywhere. Living day by day, depending on nature. And when the storms arrive, whipping up the sea to form walls of water and shaking the air to the point of madness, will the men at sea be safe? The same sea that can yield abundant fishing. The same sea that can turn in a few minutes and can sink the small boats of the Gracioseros. The ocean that I love, the ocean that I fear.

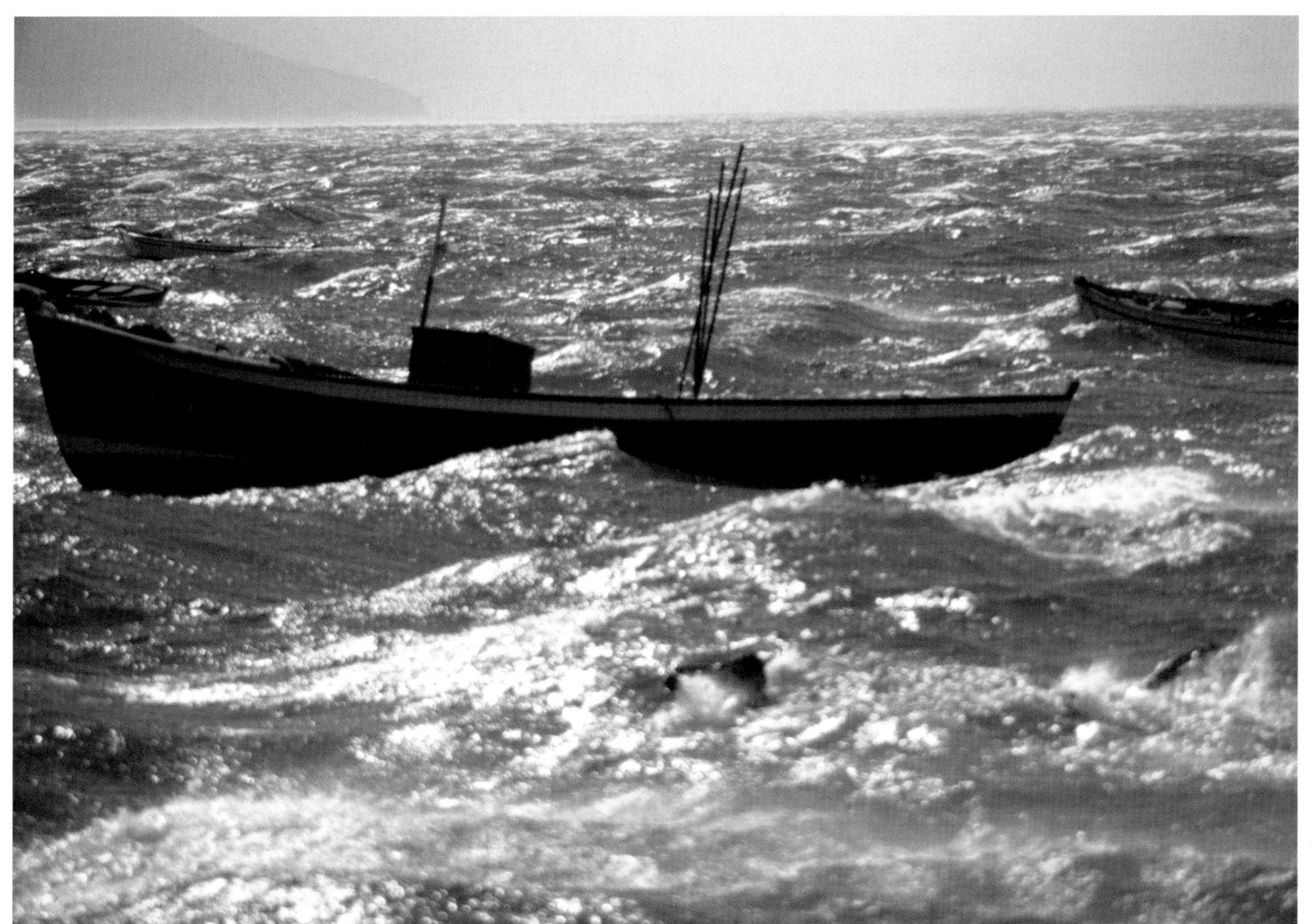

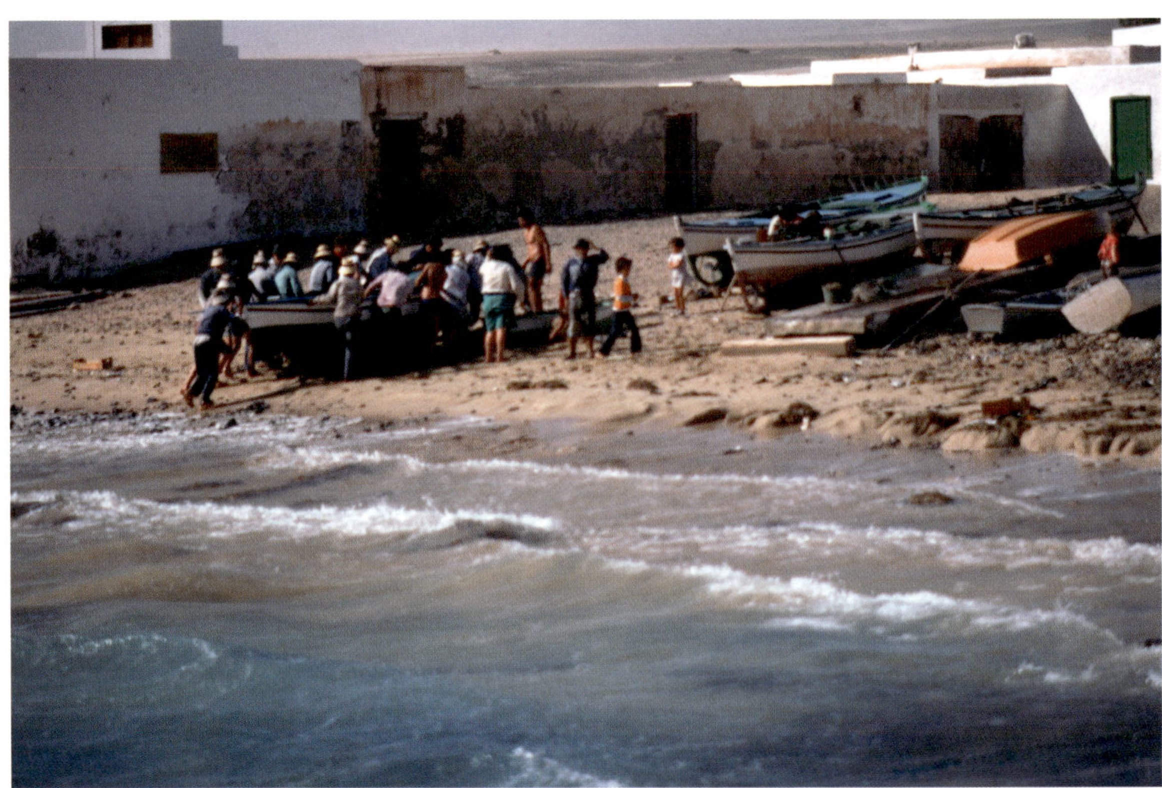

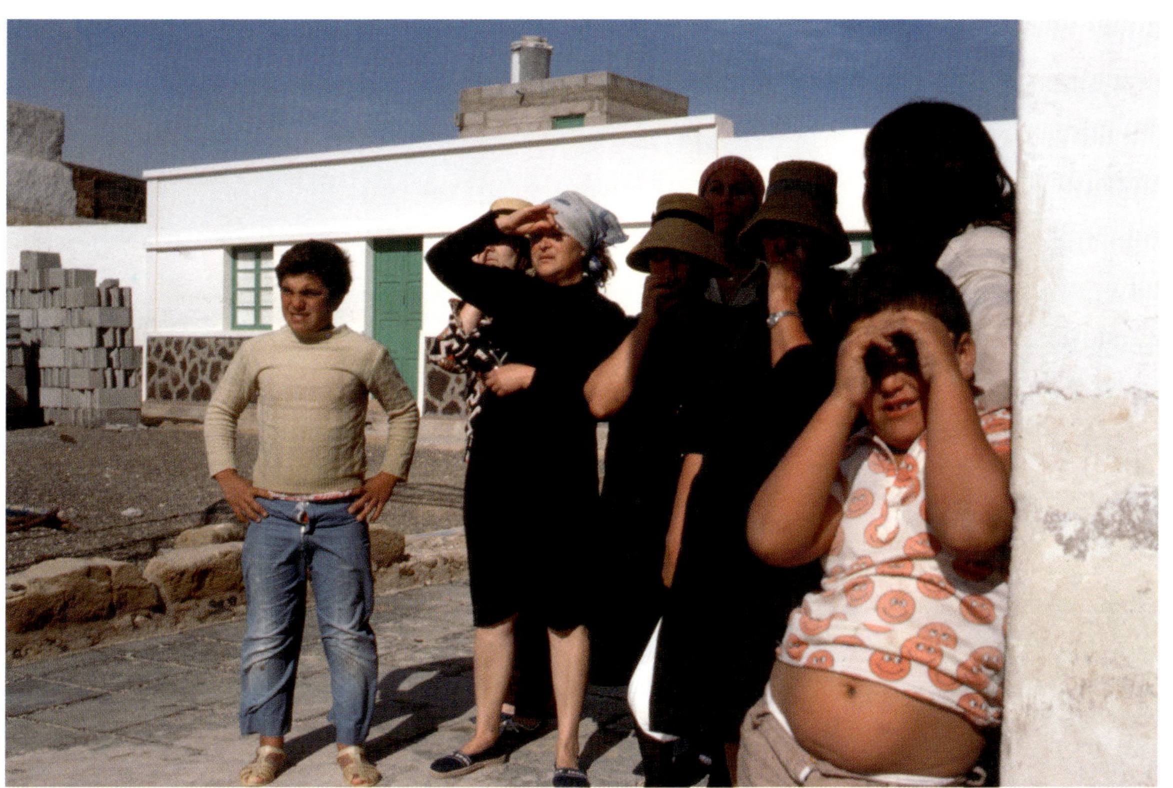

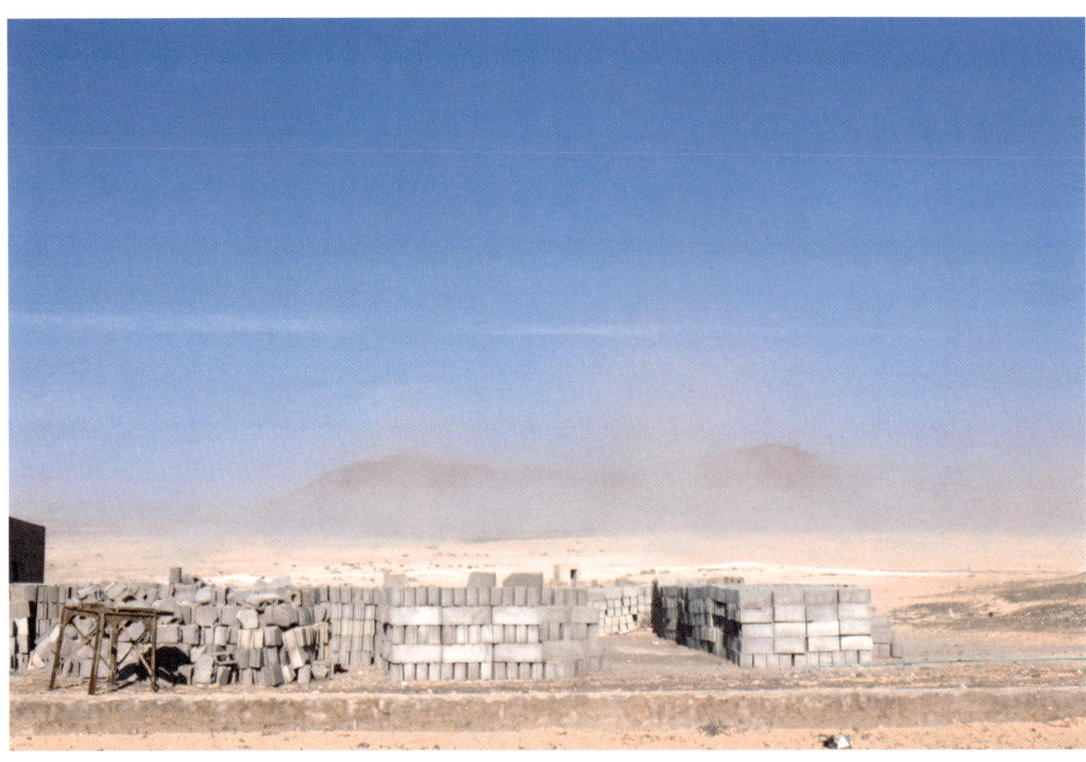

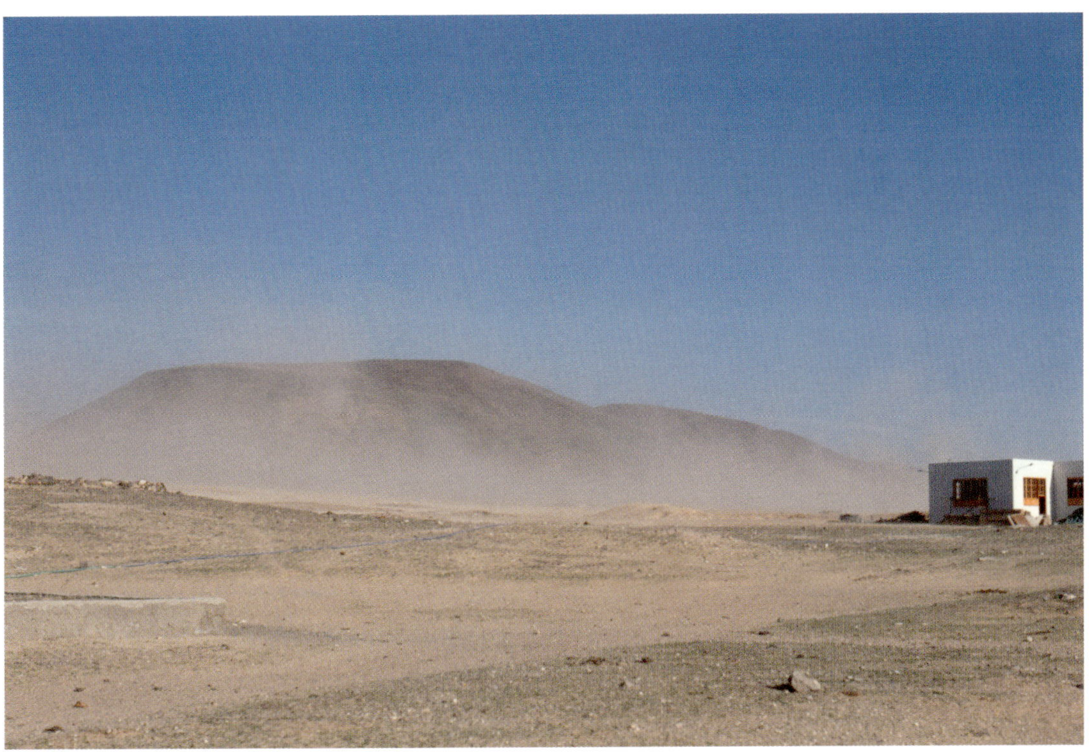

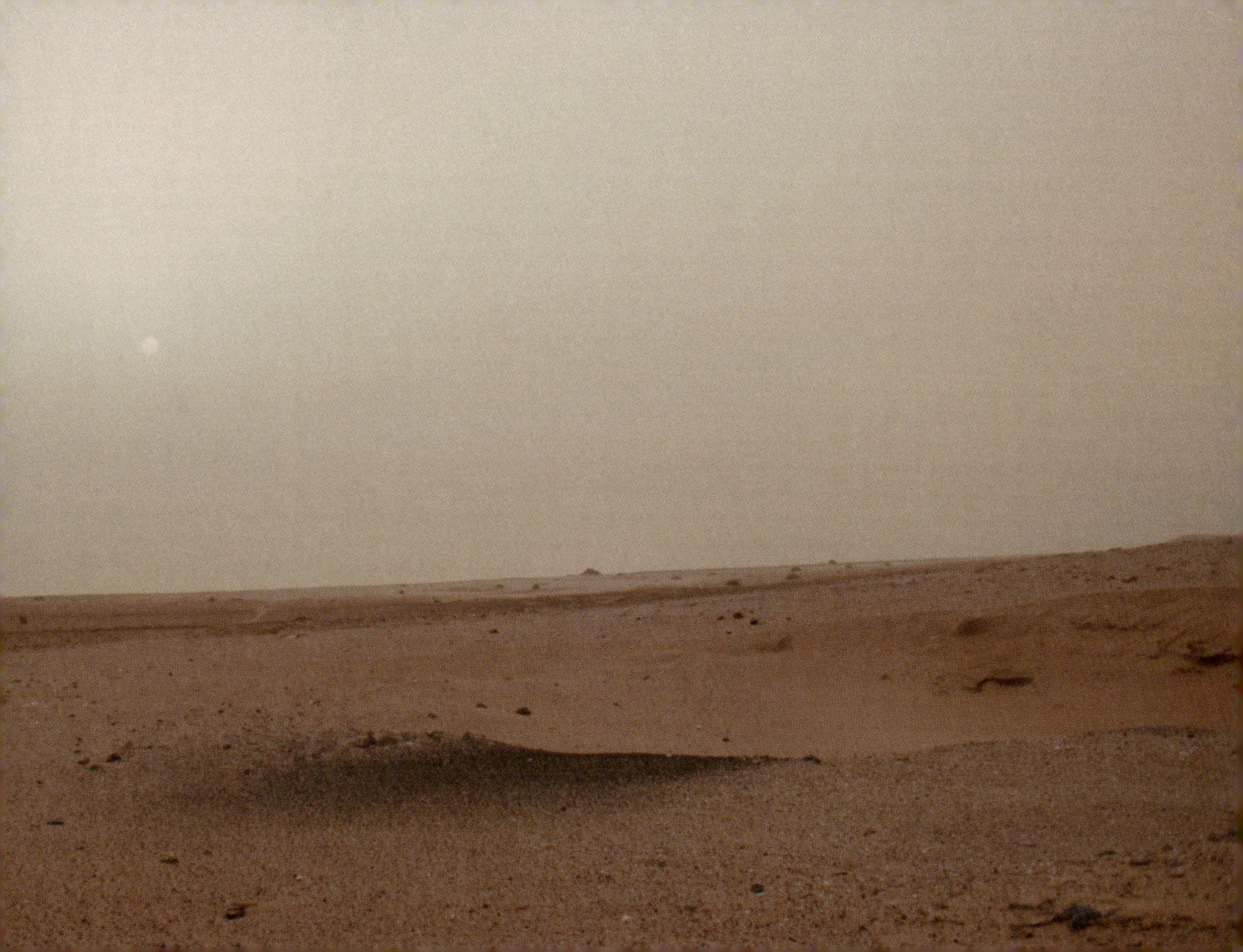

En aquella época, los relojes todavía no eran útiles. El tiempo lo marcaba la bajamar y la pleamar. Las rutinas diarias no se medían por horas sino por la dureza de la tarea. Mantener los barcos y las artes de pesca, ir a mariscar, arreglar el pescado, hacer reparaciones en las casas, ocuparse de los niños... En tierra como en la mar, siempre había algo importante que hacer. El resto del tiempo consistía en hablarse, mirarse y contarse historias. Ver el tiempo pasar no era una molesta obligación, era un arte que cada día se podía refinar más y más. No se esperaba mucho de la vida. "Sólo hemos aprendido a comer, dormir y trabajar", nos decían los gracioseros.

Damals hatten dort die Uhren keine Bedeutung. Die Zeit wurde von den Gezeiten bestimmt. Die tägliche Arbeit wurde nicht nach Stunden bemessen, sondern nach der Schwere der Aufgaben. Boote und Fischereigeräte instand halten, Köder beschaffen, Fische zum Verzehr und Verkauf herrichten, Häuser reparieren, die Kinder versorgen - an Land wie auf See, immer gab es unablässig zu tun. Die übrige Zeit verbrachte man beim nebeneinander Sitzen, Plaudern und Geschichten Erzählen. Es war keine Last, zu erleben, wie die Zeit verrann, es war eher eine Kunst, die jeden Tag immer mehr verfeinert wurde. Man erwartete nicht viel vom Leben. „Wir haben nur gelernt zu arbeiten, zu essen und zu schlafen", sagten uns damals die Gracioseros.

In those days, watches were of no use. Low and high tides indicated the time of day. Daily routines were not measured by hours, but by how hard activities were. The up-keeping of boats and fishing equipment, going for live bait, removing scales from the fish, repairing their homes, looking after their children... Inland or at sea, there was always something important to do. The rest of the time was for chatting, looking on and telling stories. Seeing how time passed was not an unpleasant duty, it was an art form that could be worked on more and more everyday. People didn't expect much from life. "We have only learnt to eat, sleep and work," the Gracioseros would tell us.

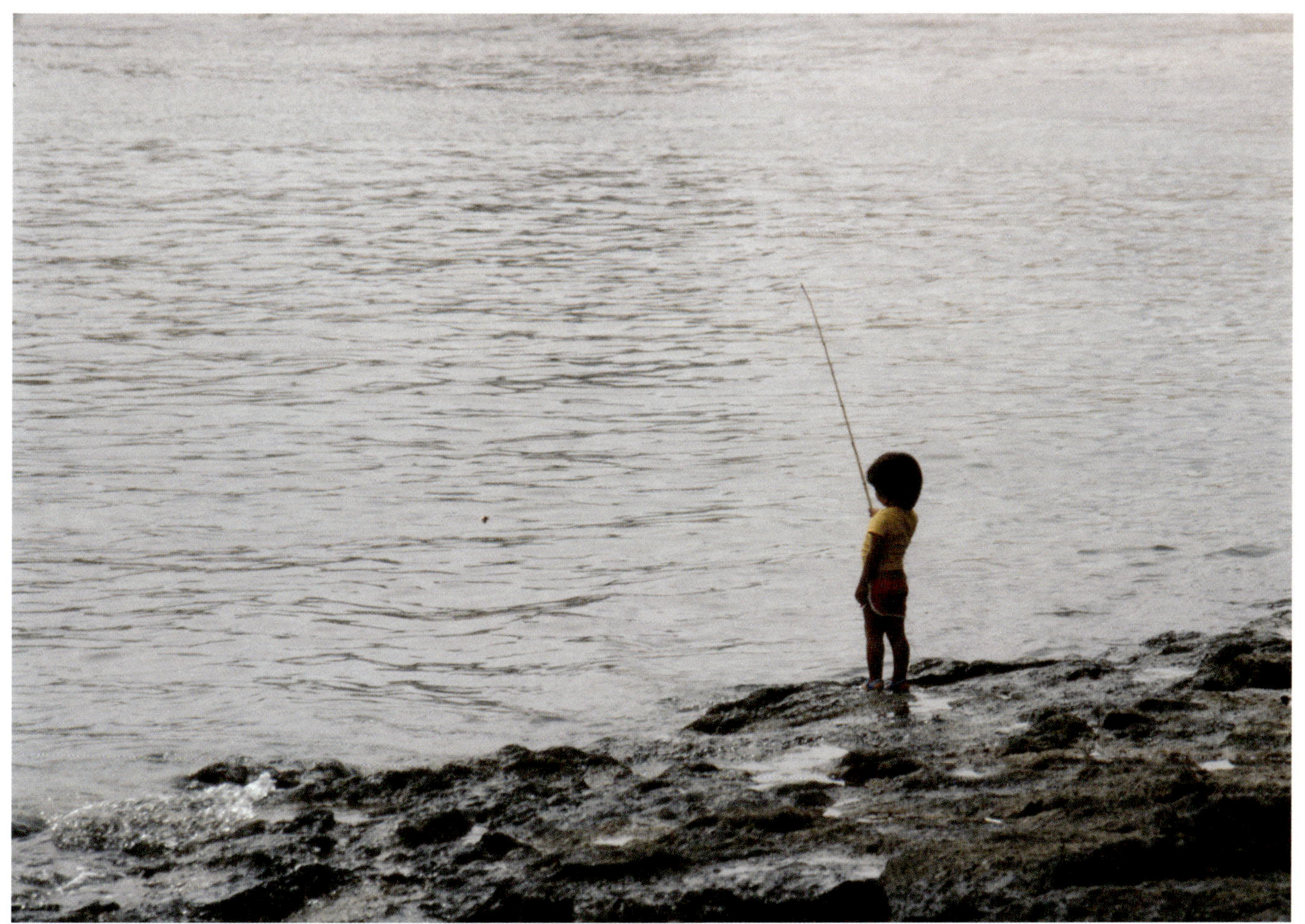

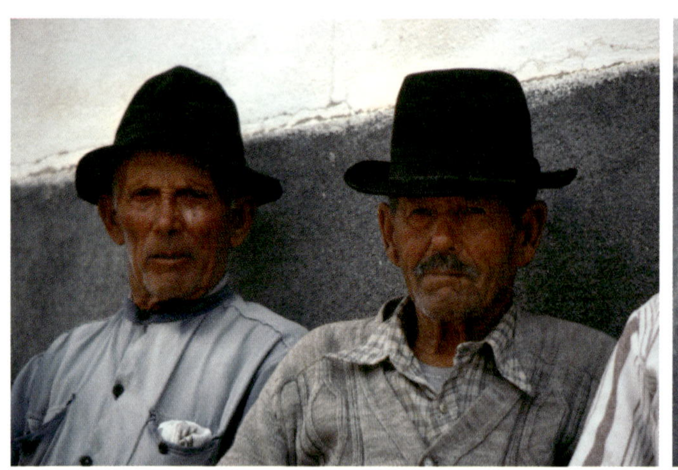

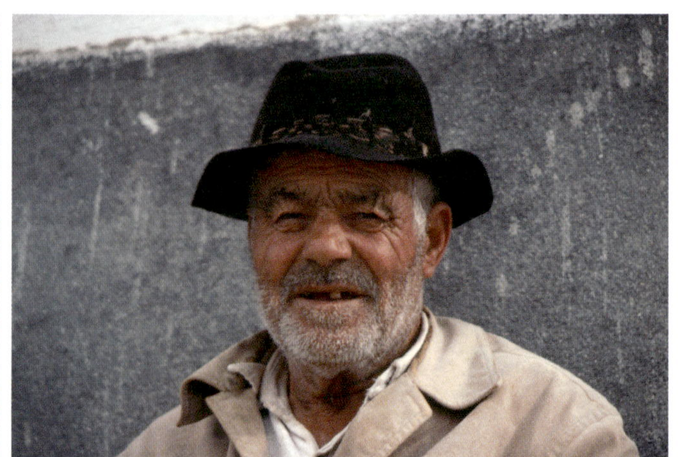

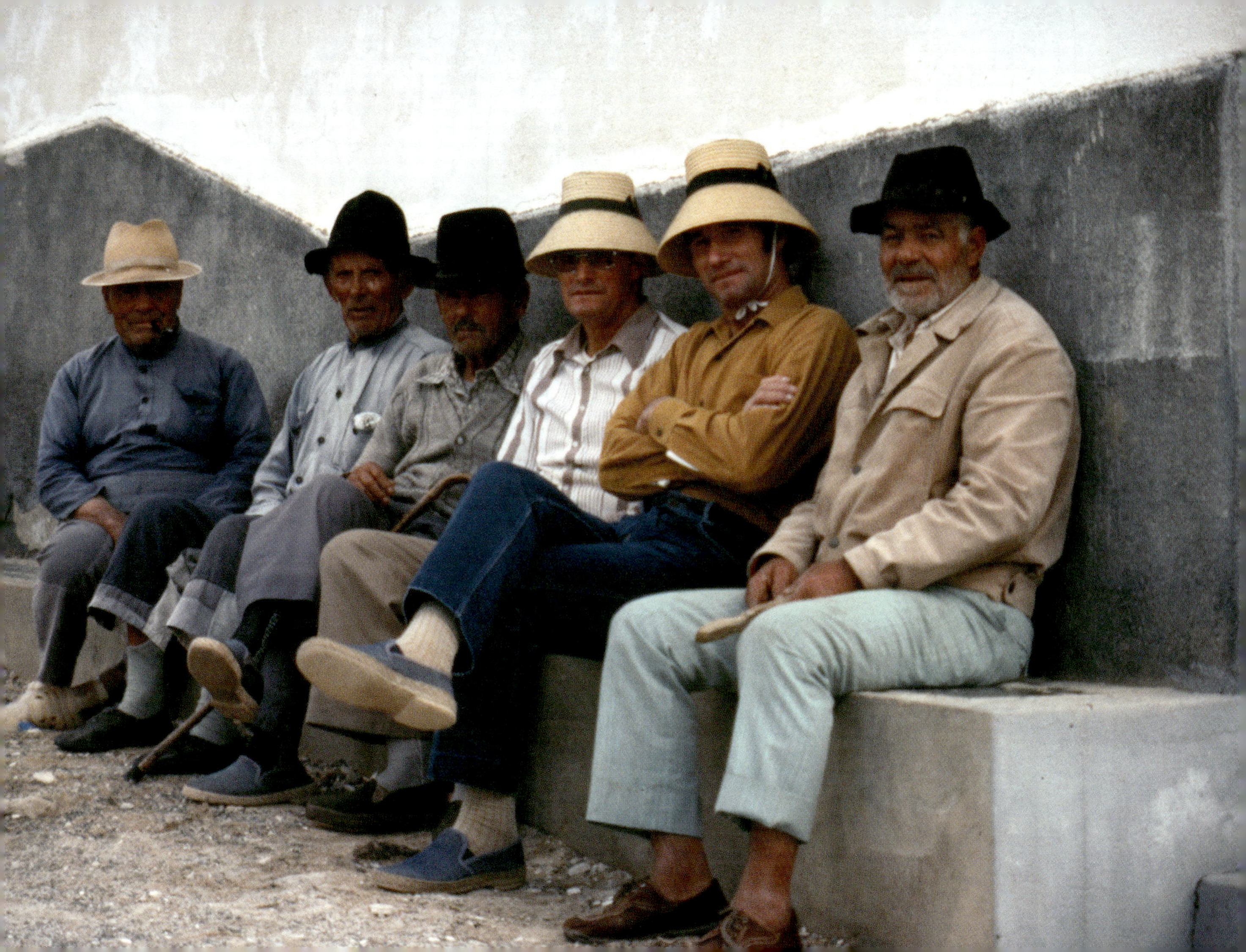

En ocasiones nos invitaban a un asadero de sardinas en La Cocina, como hasta hoy se refieren los gracioseros a las rocas cerca de la Montaña Amarilla. Íbamos y volvíamos en barco de pesca, disfrutando de la comida y del paseo.

Manchmal wurden wir zum Sardinengrillen auf den Felsen an der Montaña Amarilla (dem Gelben Berg) eingeladen. Bis heute nennen die Gracioceros diese Stelle ‚la Cocina' (die Küche). Wir genossen den Fisch und ganz besonders die Fahrt mit dem Fischerboot.

Sometimes they would invite us to a sardine barbecue in La Cocina, still referred to today by the Gracioseros as the rocks close to Montaña Amarilla. We went back and forth by fishing boat, enjoying the food and the journey.

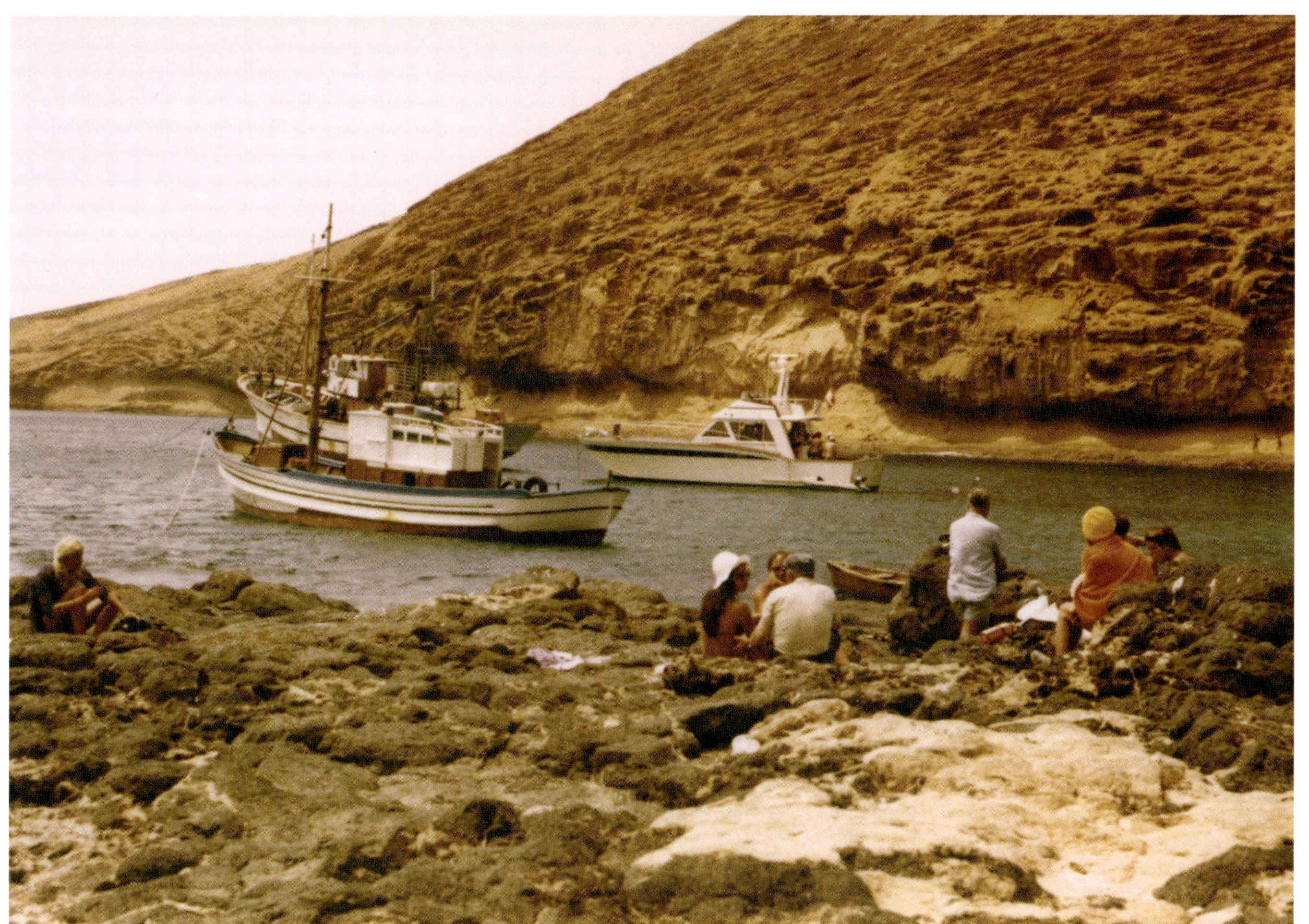

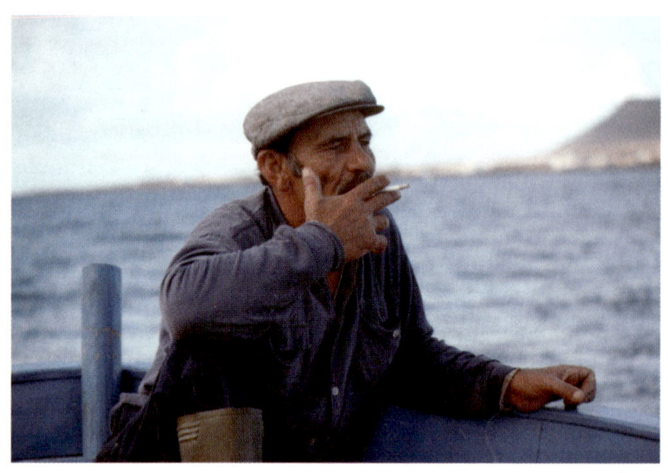

1

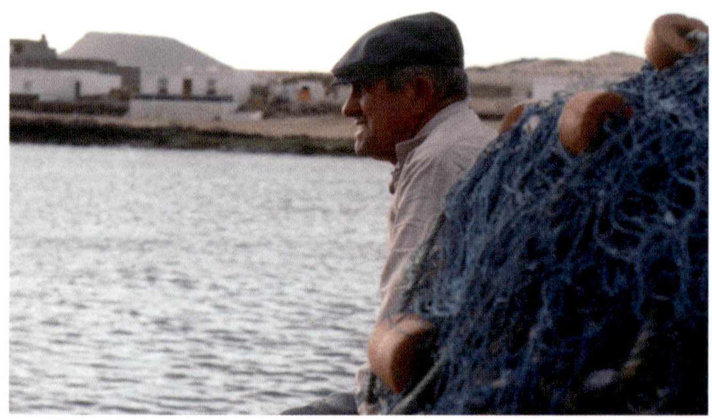

2

1 · Gregorio Hernández
2 · Jorge Toledo
3 · Margarona Páez
4 · Juan Romero

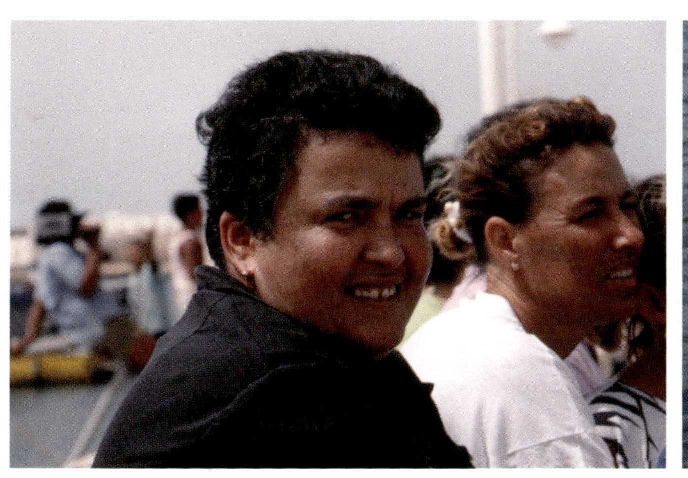

3

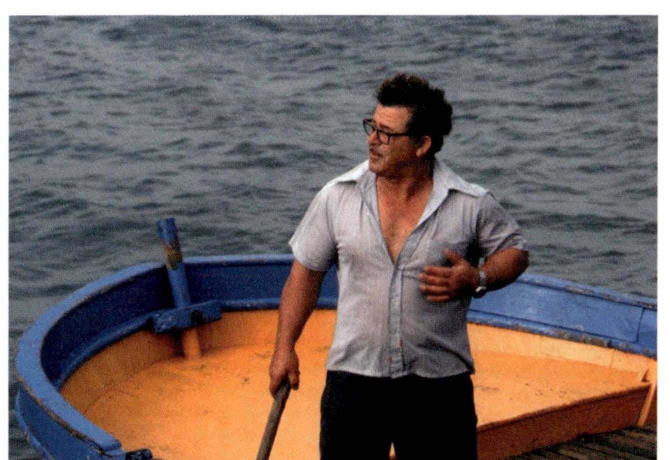

4

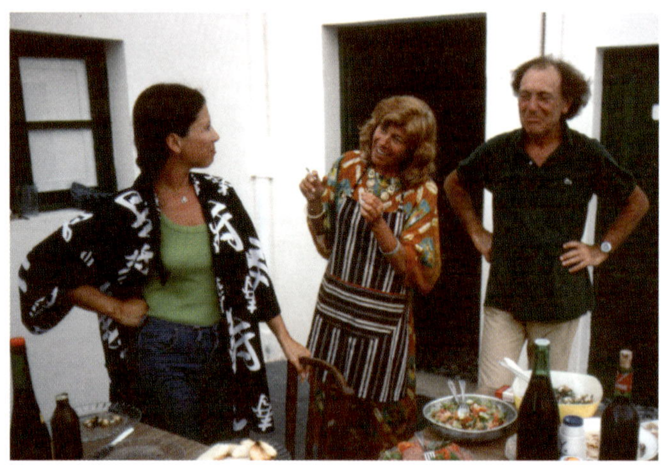

5

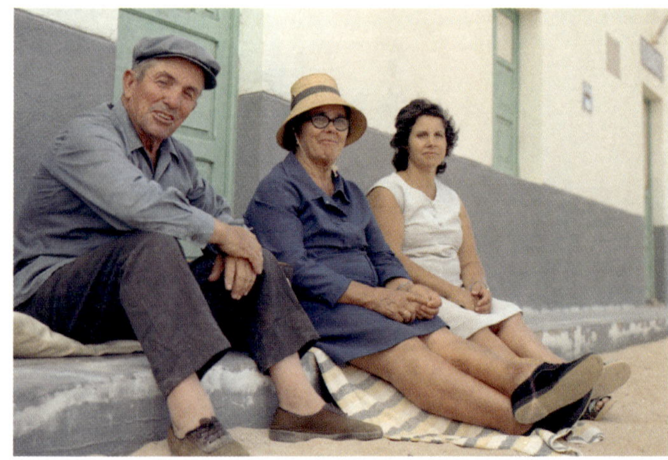

6

5 · Elza, Eva y Adán
6 · Jorge Toledo, Dª. Nieves y Dª. Juana
7 - 8 · Carnavales en el patio de Jorge Toledo / Karnevalfest bei Jorge Toledo / Carnival at Jorge Toledo's.

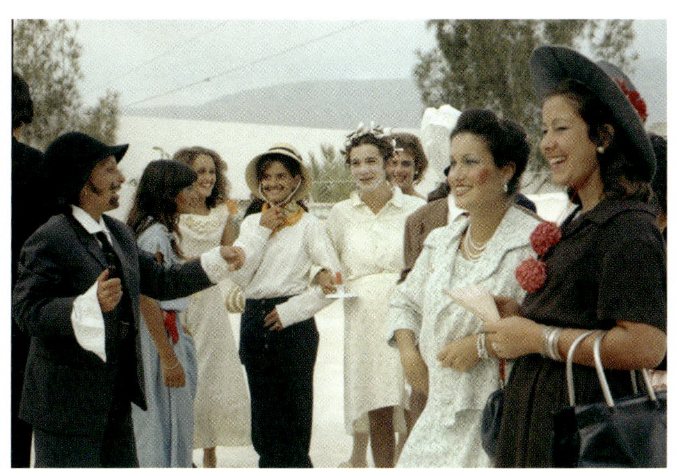
7

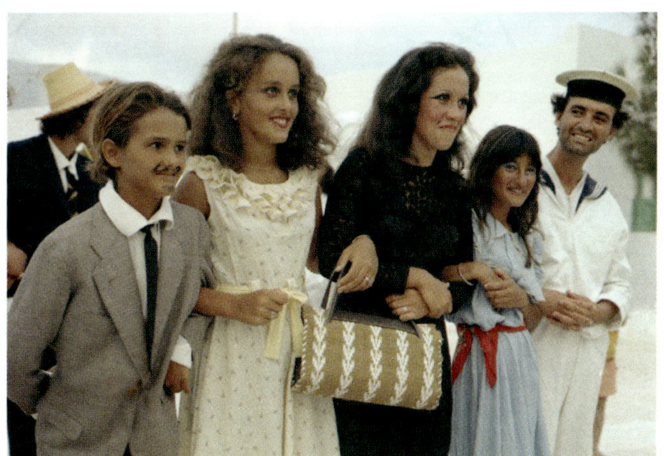
8

A veces, en una u otra duna, pasaban "Adan y Eva". Así eran conocidos aquí los parisinos Ruth y Robert, porque todos los veranos se bañaban desnudos en la entonces desierta playa Francesa.

An manchen Tagen sah man ‚Adan und Eva' durch die Dünen wandern. So wurden hier Robert und Ruth genannt, weil sie am damals noch unberührten Französischen Strand nackt badeten. Sie kamen jeden Sommer aus Paris.

"Adam and Eve" would sometimes wander through the dunes. The Parisians Ruth and Robert were called this by the Gracioseros because every summer they swam nude at the then deserted Francesa beach.

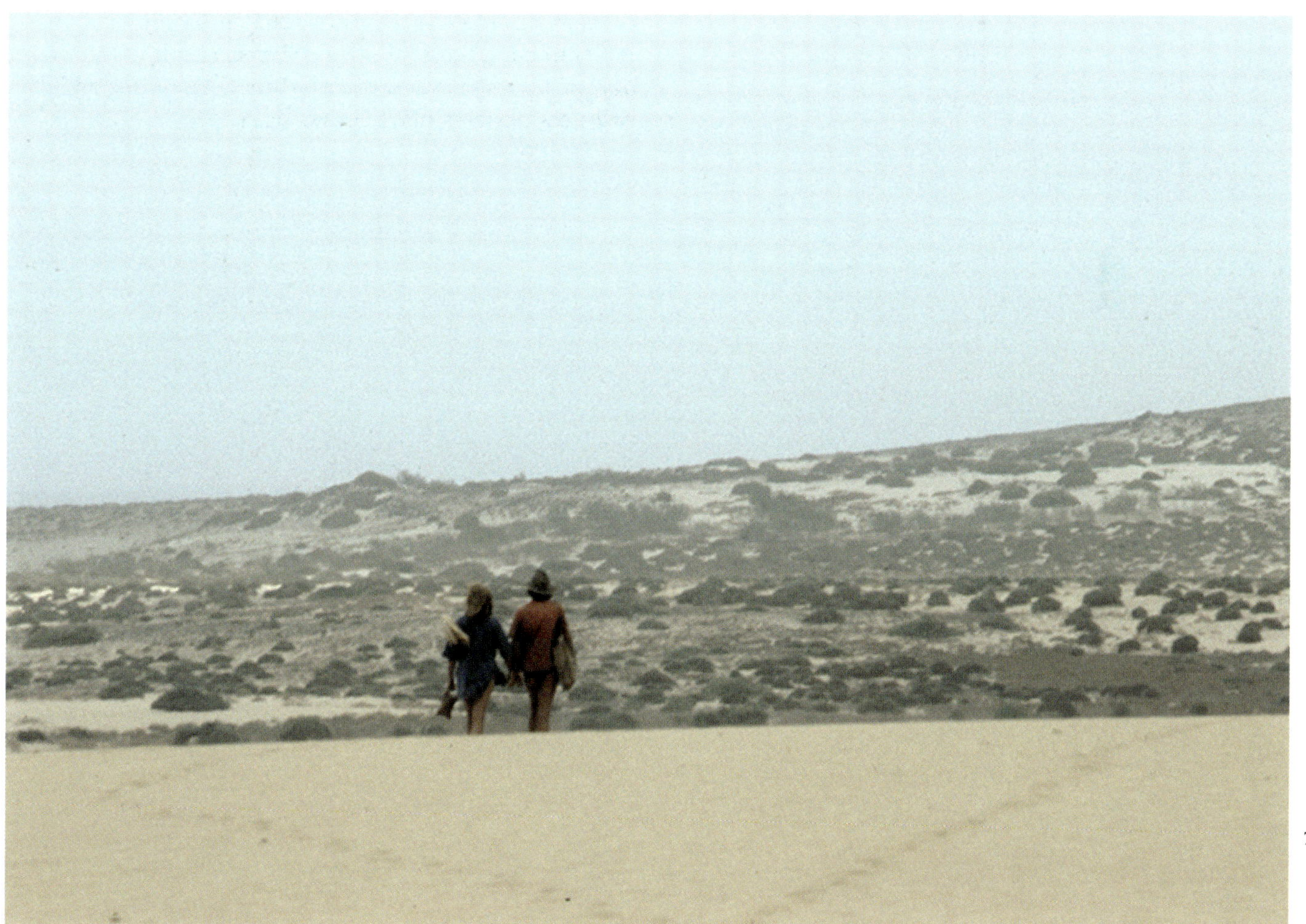

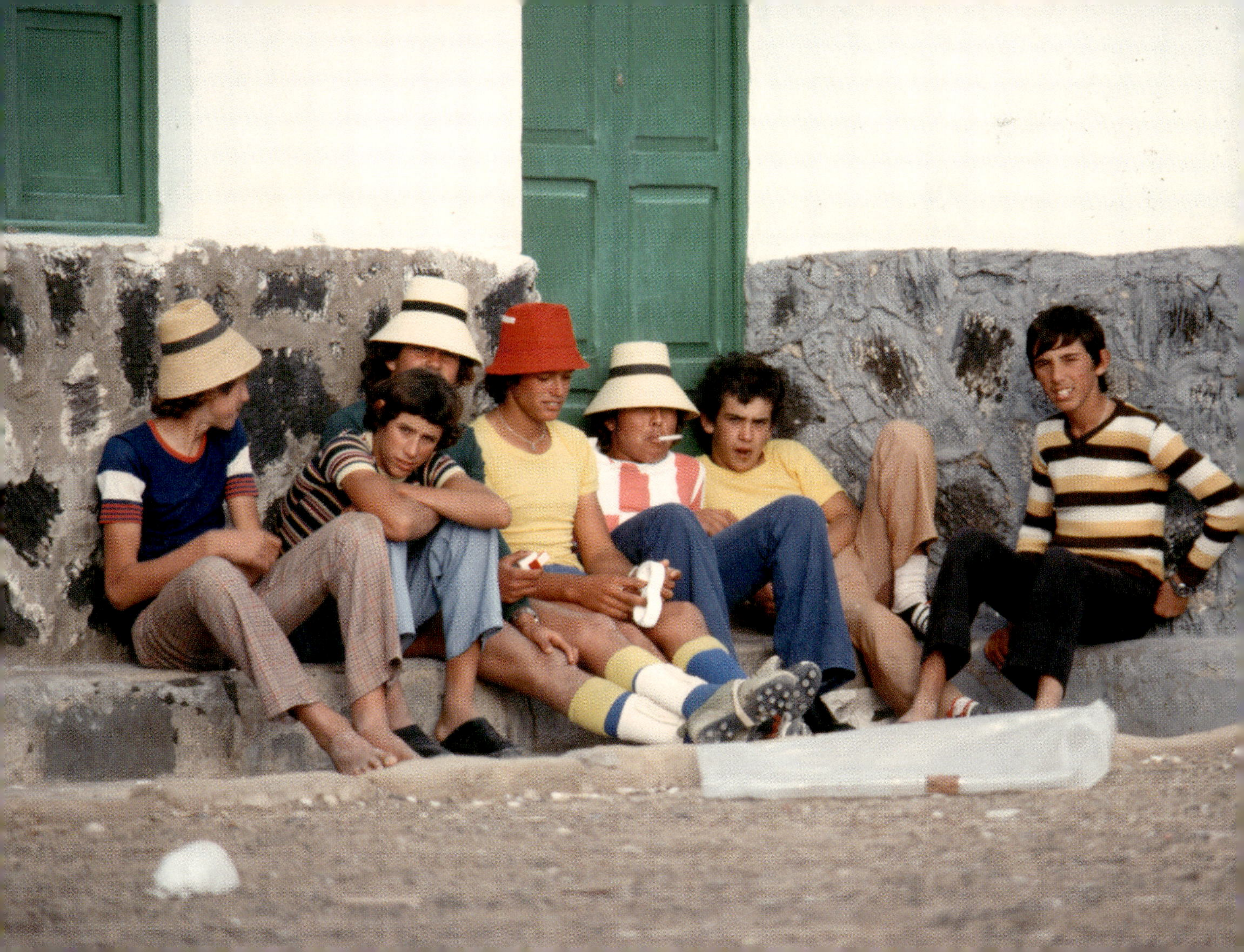

Durante varios años, en la década de 1970, adoptamos un pequeño mono que se llamaba “Kikí” y que causaba el asombro de niños y adultos de La Graciosa. Se trataba de un simio de apenas 250 gramos de la diminuta especie de los titís, aunque cuando nos preguntaban, soliamos decir, entre risas, que era un bebé de gorila. Todavía hoy, muchos gracioseros me siguen llamando “Elza, la del mono”.

In den 70er Jahren hatten wir einen kleinen Affen, Kiki. Dieses Seidenäffchen, mit seinen 250g. Körpergewicht, versetzte Kinder und Erwachsene auf La Graciosa in Entzücken. Manchmal erzählten wie zum Spass den Leuten, dass es sich um ein Gorillababy handele, und alle lachten gerne über den Witz. Heute wird Ich immer noch „la del mono“ genannt, die Frau mit dem Affen.

During the decade of the 1970's, we adopted a small monkey called “Kikí” he caused great wonder amongst children and adults from La Graciosa. He was a simian of only 250 grams bellonging to the minute species of the marmosets, although when asked, we would often say he was a baby gorilla, chuckling. Still today, many Gracioseros call me “Elza with the monkey.”

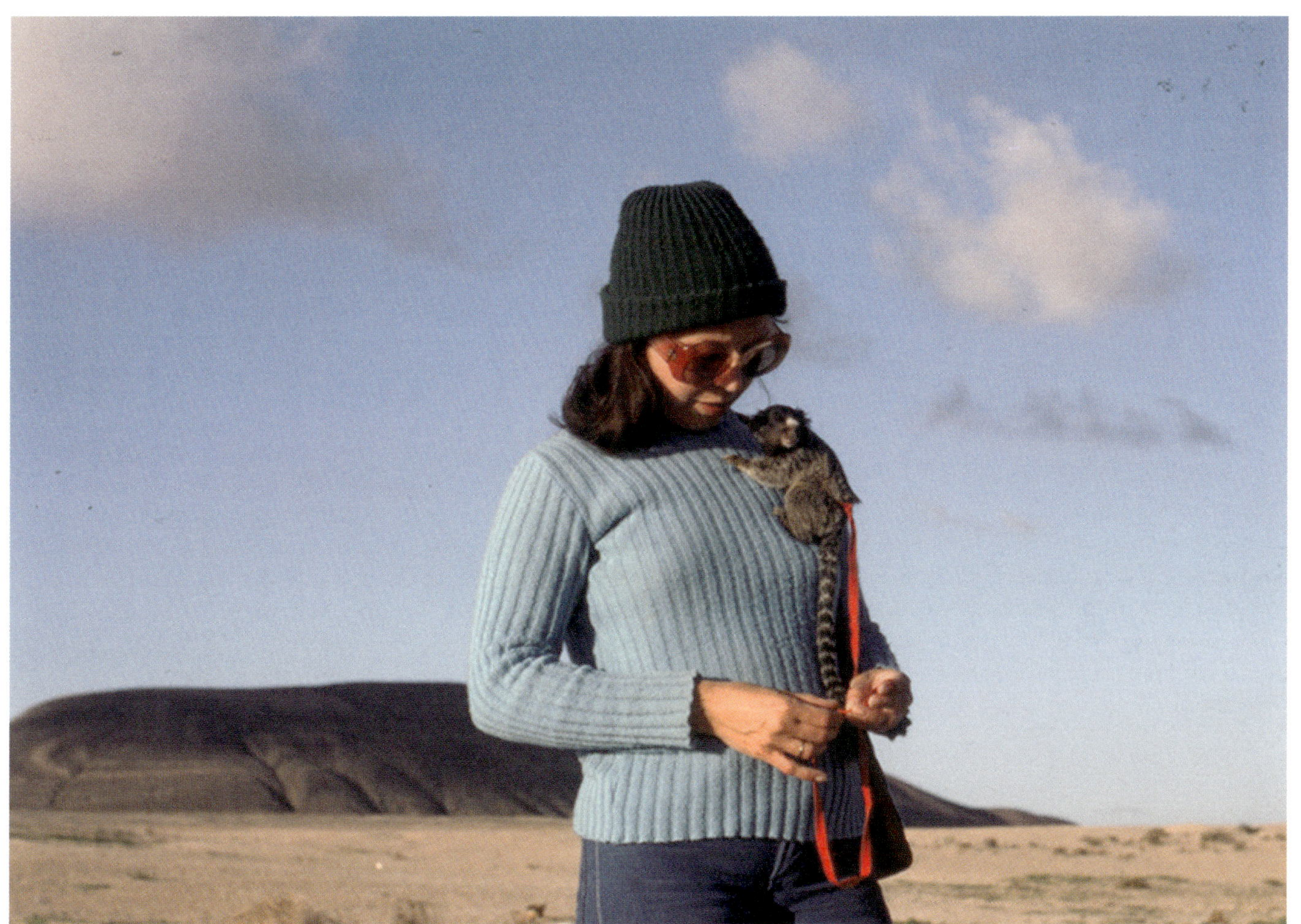

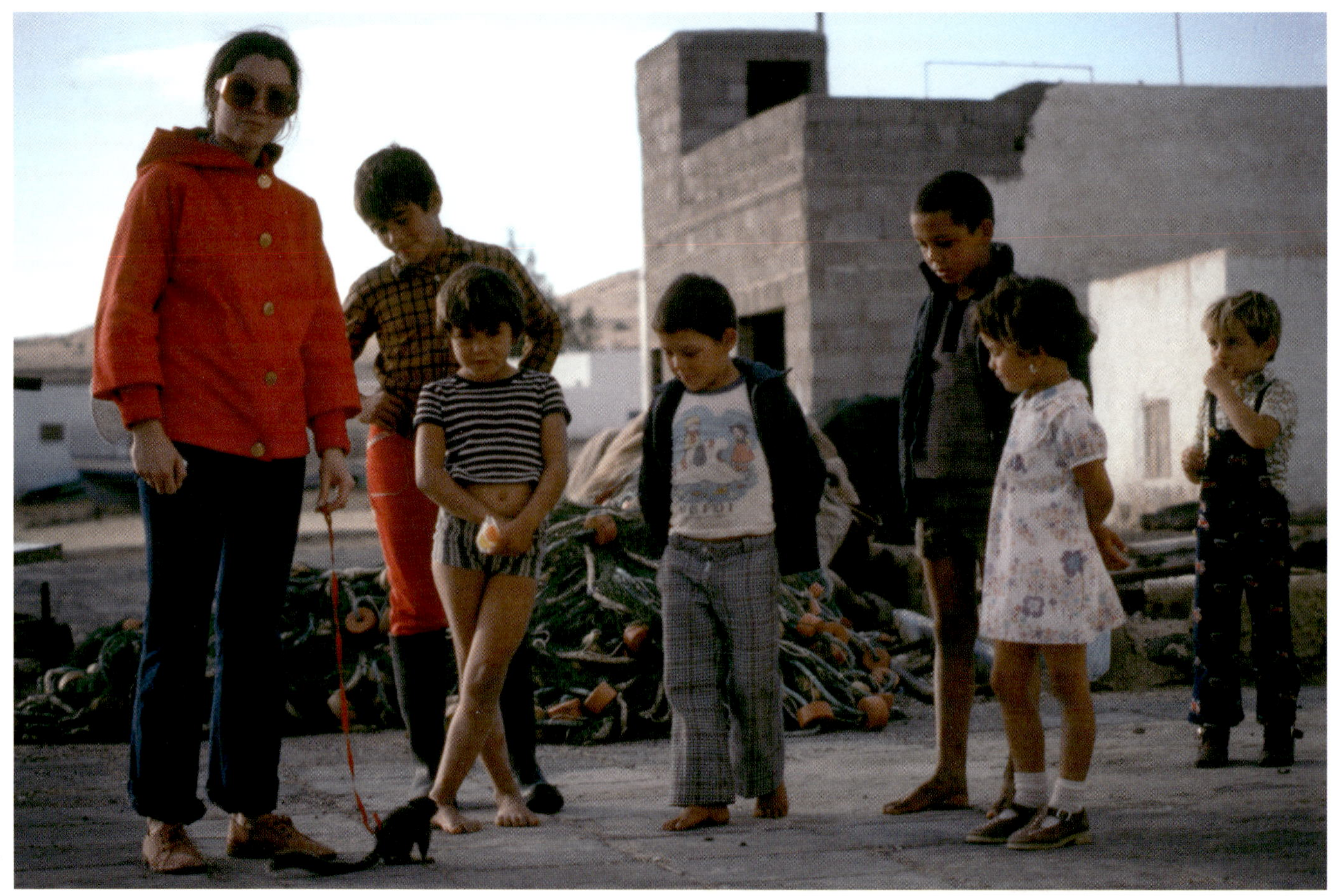

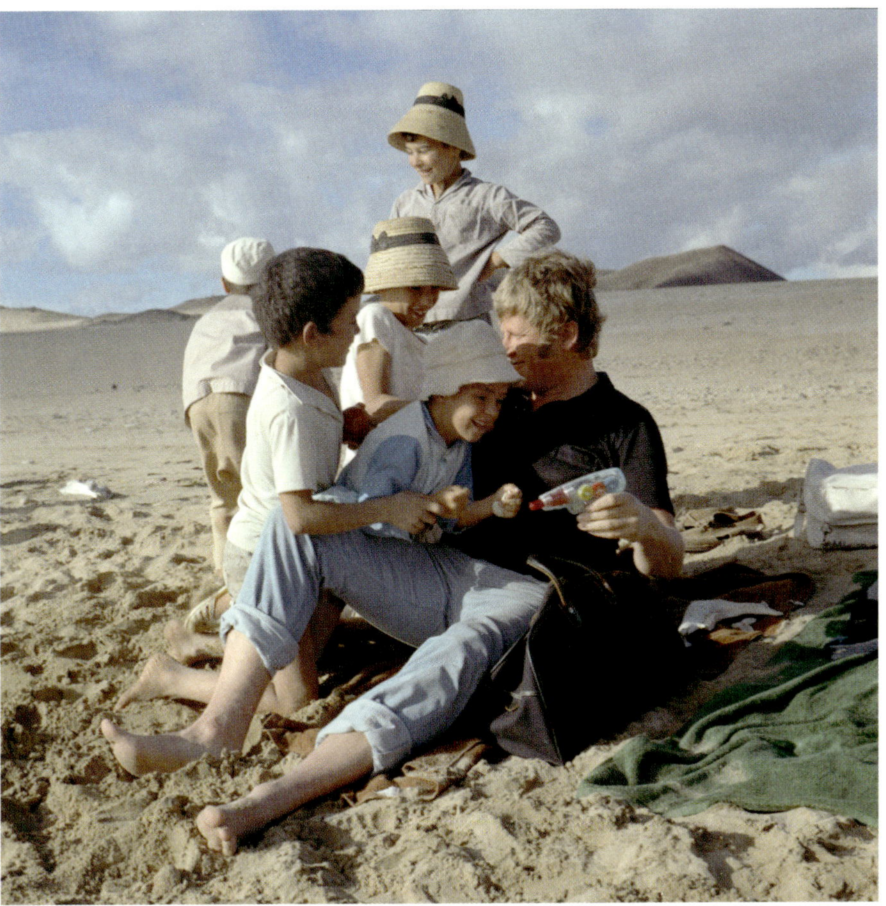

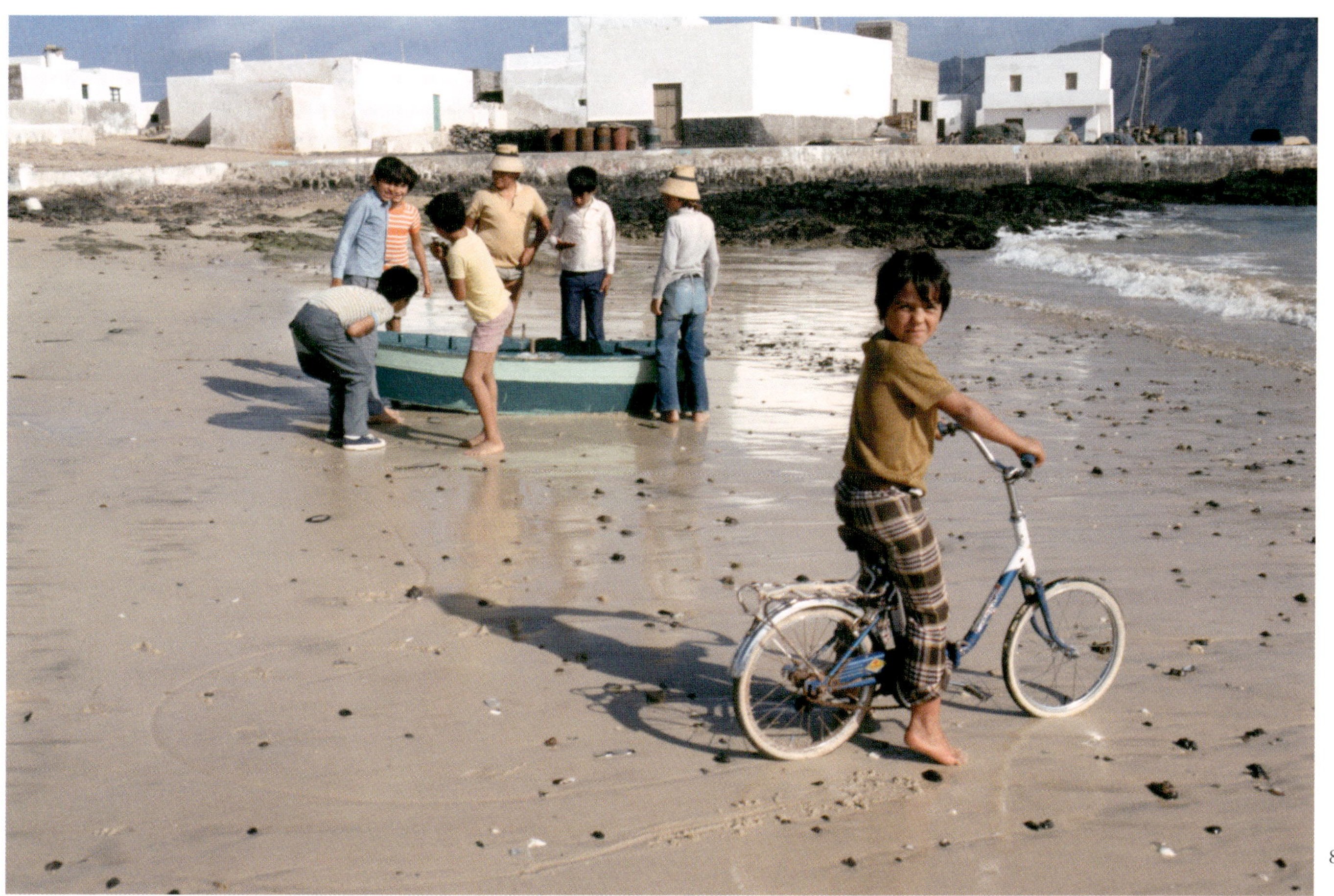

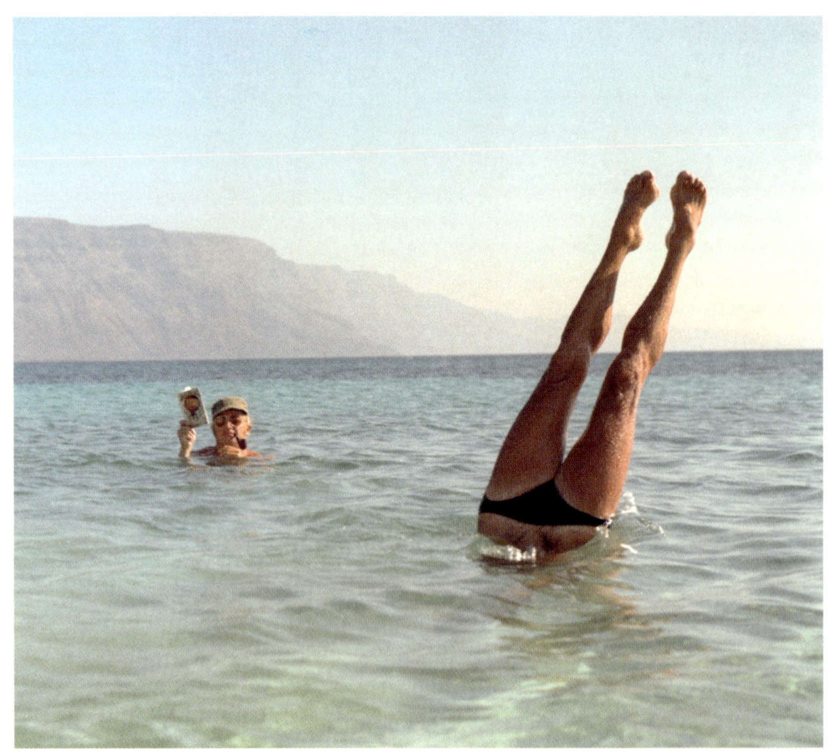

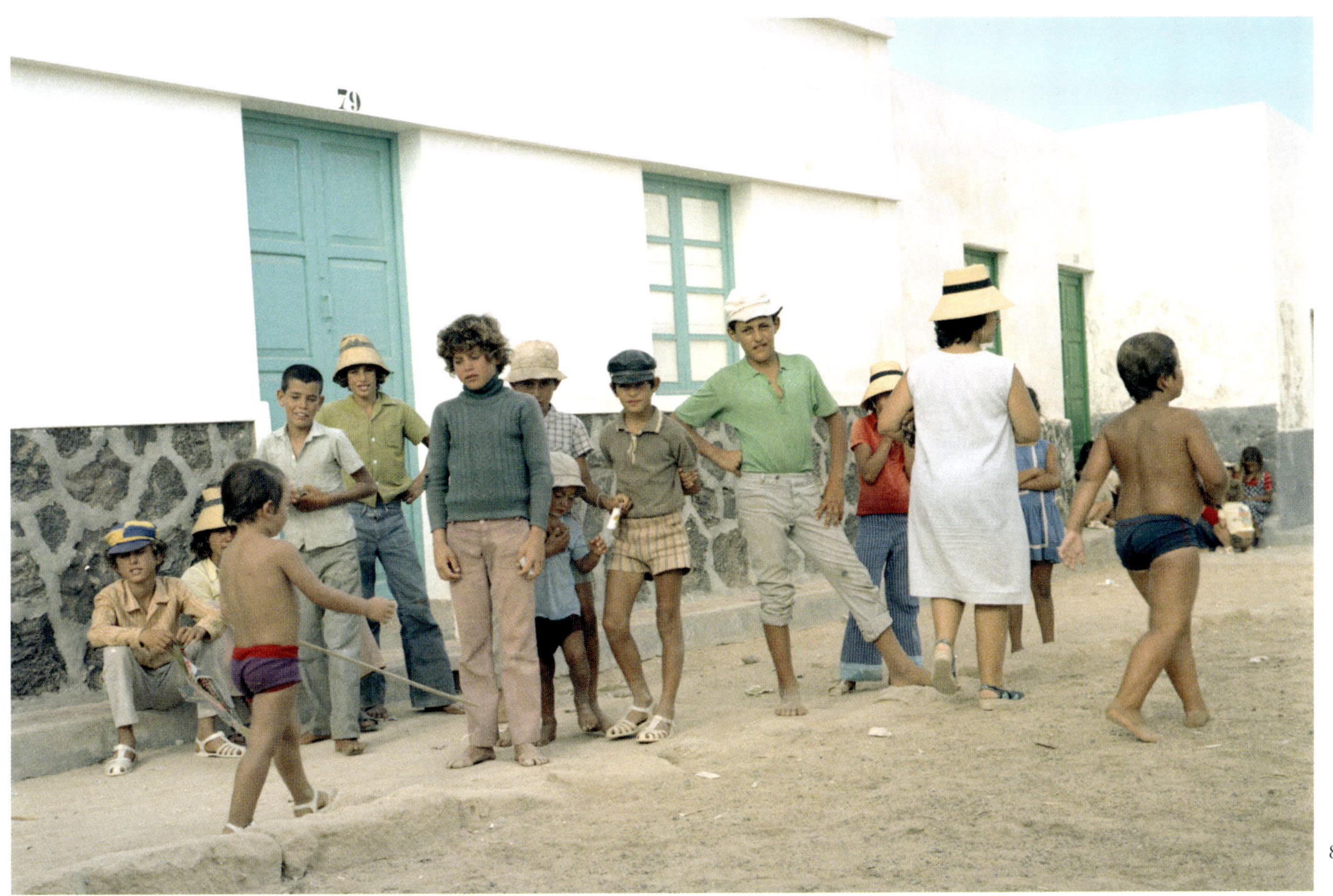
79

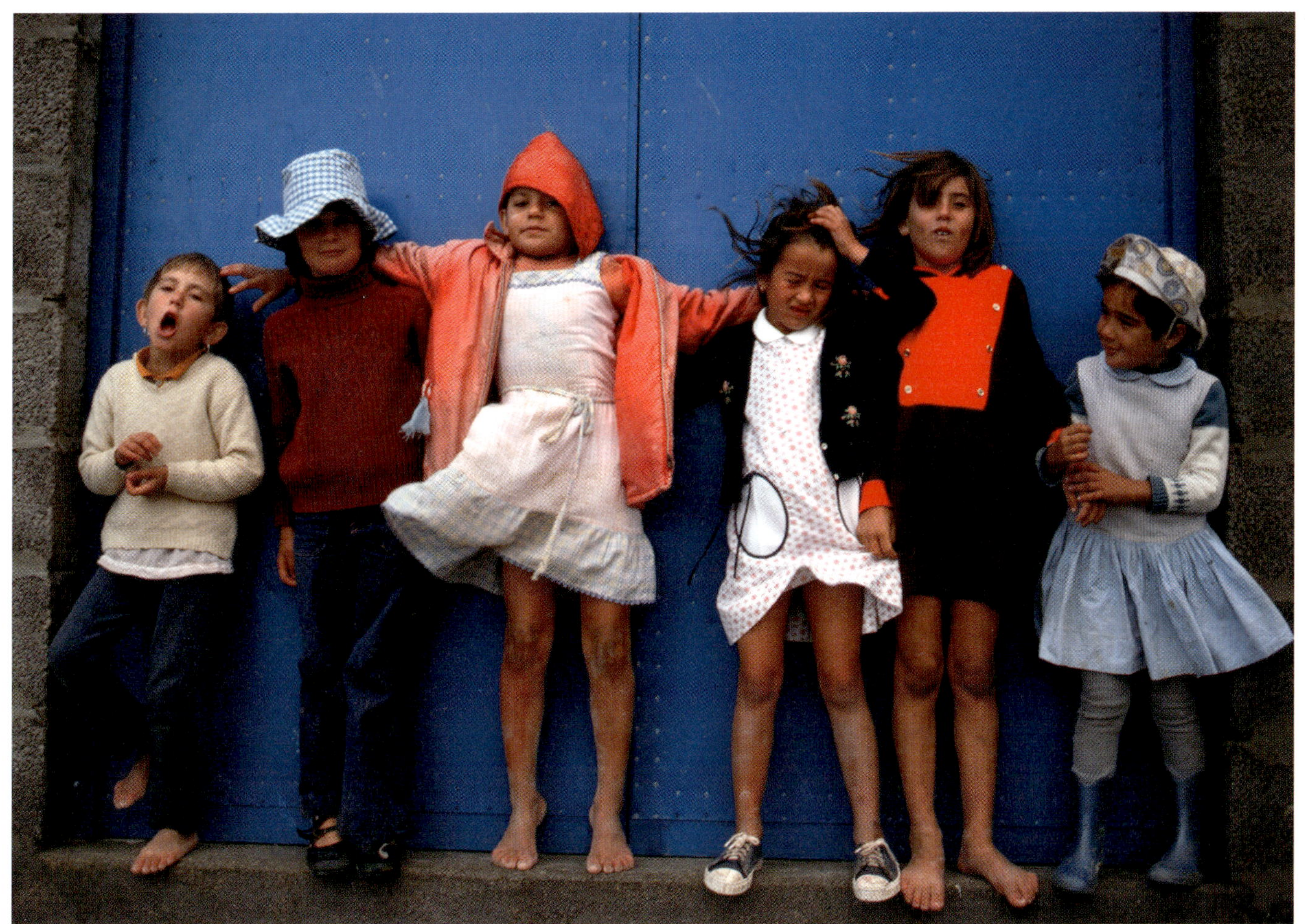

En la tienda a veces escaseaban las provisiones y siempre abundaban los niños y las mujeres. En el Bar Marinero siempre abundaban los hombres y casi nunca escaseaban los licores. Por ser puerto franco, bebían por muy pocas "perras" coñac y whisky de las mejores marcas sin ser conscientes de ello. Hoy hay bares, cafeterías, restaurantes, apartamentos, barcos con excursiones…, y escasean recuerdos, pescadores y cerraduras de casas sin cerrar.

Im einzigen Laden standen immer viele Frauen und Kinder, aber das Angebot an Lebensmittel war bescheiden. In der "Bar Marinero", wo es an alkoholischen Getränken nie mangelte, saßen immer viele Männer. Als Freihafen wurden dort die teuersten Cognac - und Whisky - Marken sehr billig verkauft - die Kundschaft trank vom Besten ohne es zu wissen. Heute gibt es Bars, Cafés, Restaurants, Mietwohnungen, Ausflugsboote… Nur die Erinnerung, die immer offenen Haustüren und die Fischer werden immer knapper.

At the only store, provisions would sometimes run out, even so, it was a meeting point for the women and children. At the Bar Marinero there was always a lot of men and plenty of liquor. As it was a duty-free port, they drank good quality cognac and whisky without realising it and for which they only paid a few pennies. Today, there are bars, cafes, restaurants, apartments, boat trips..., and faded memories, fishermen and unlocked houses.

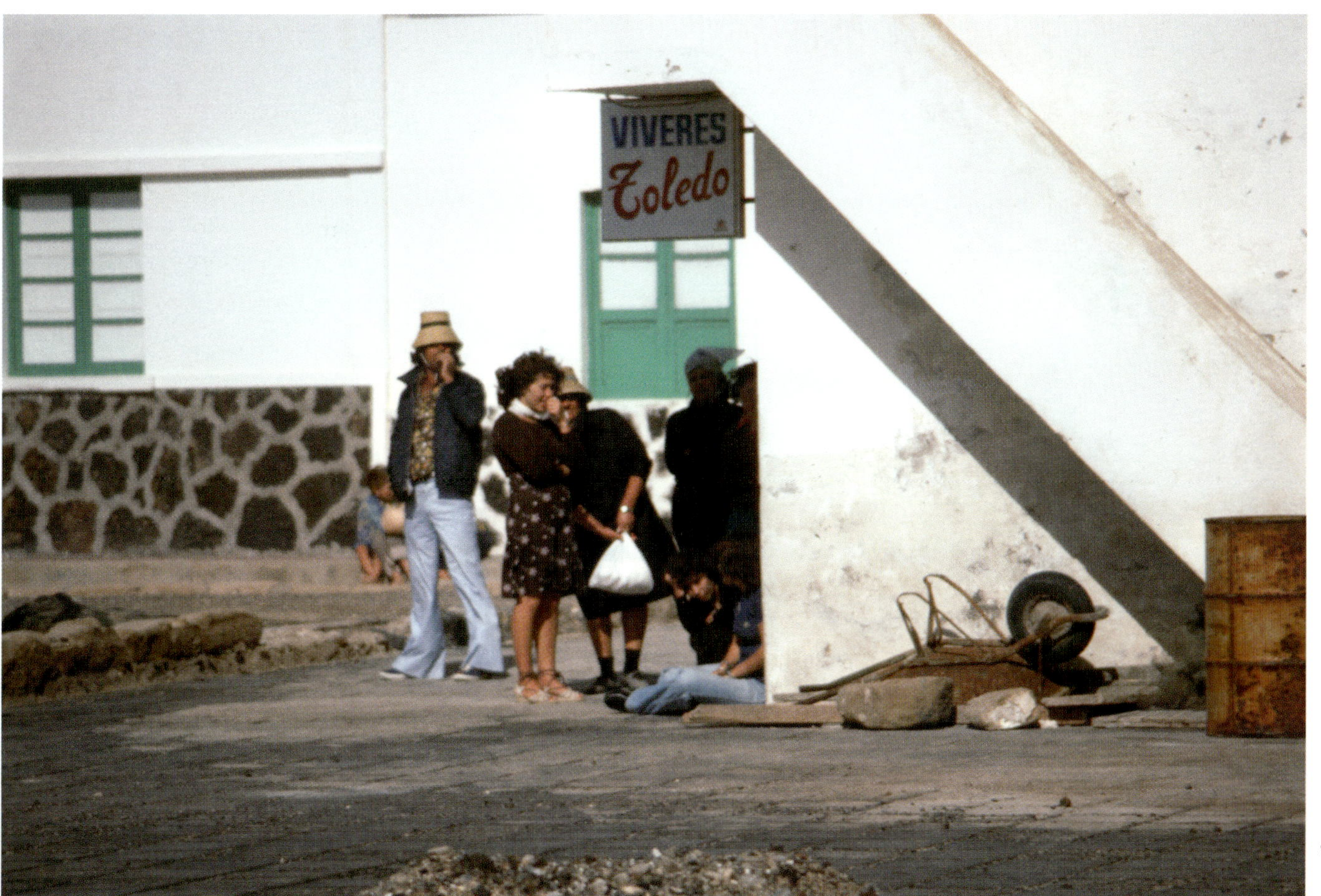
VIVERES
Toledo

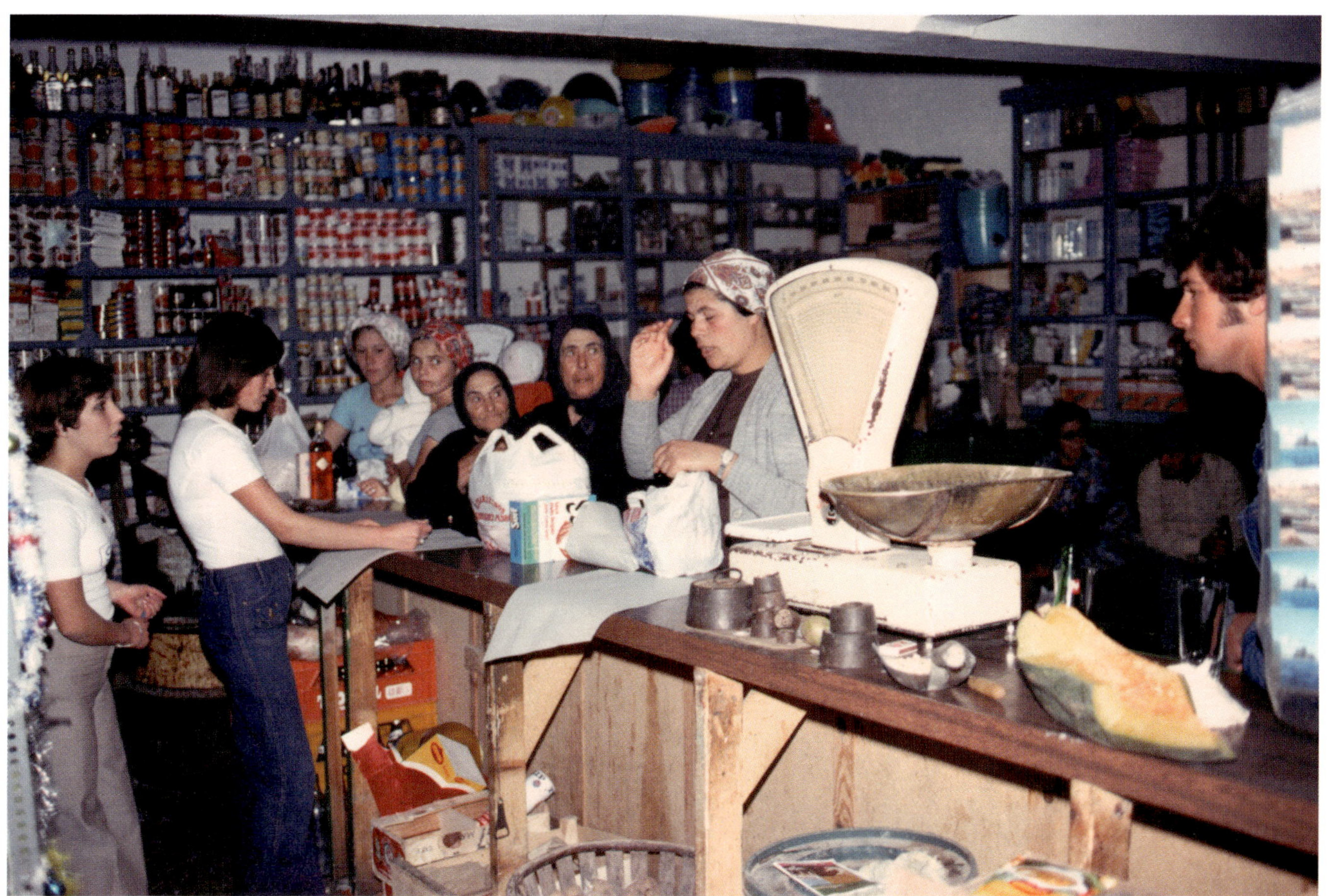

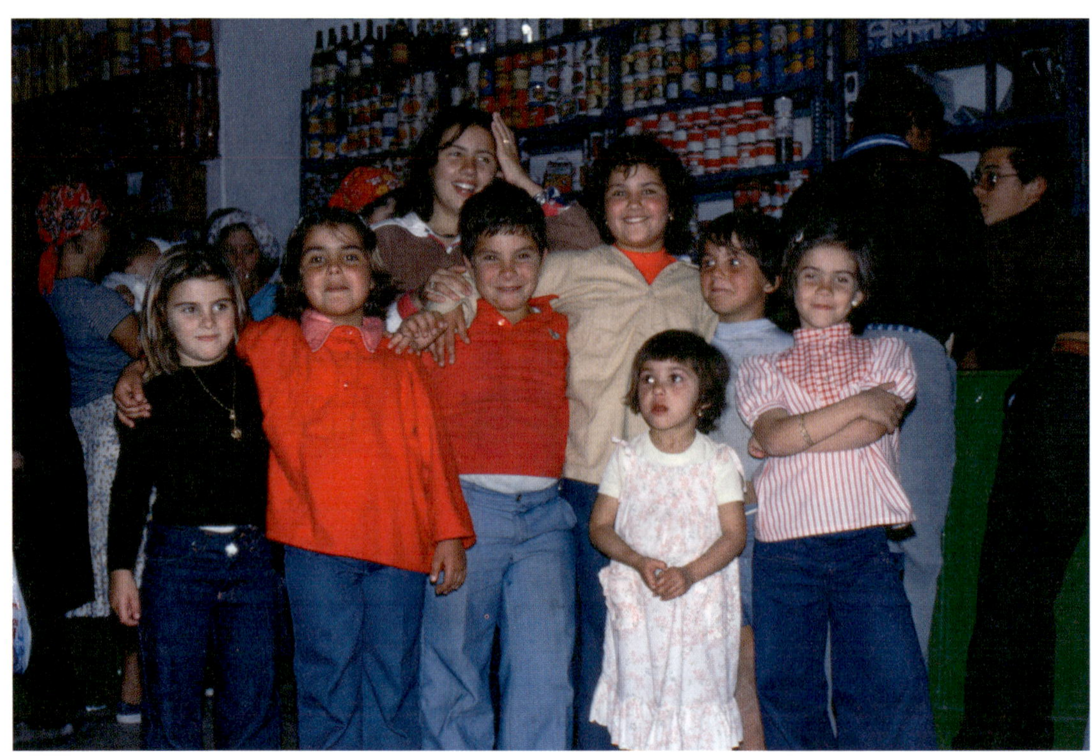

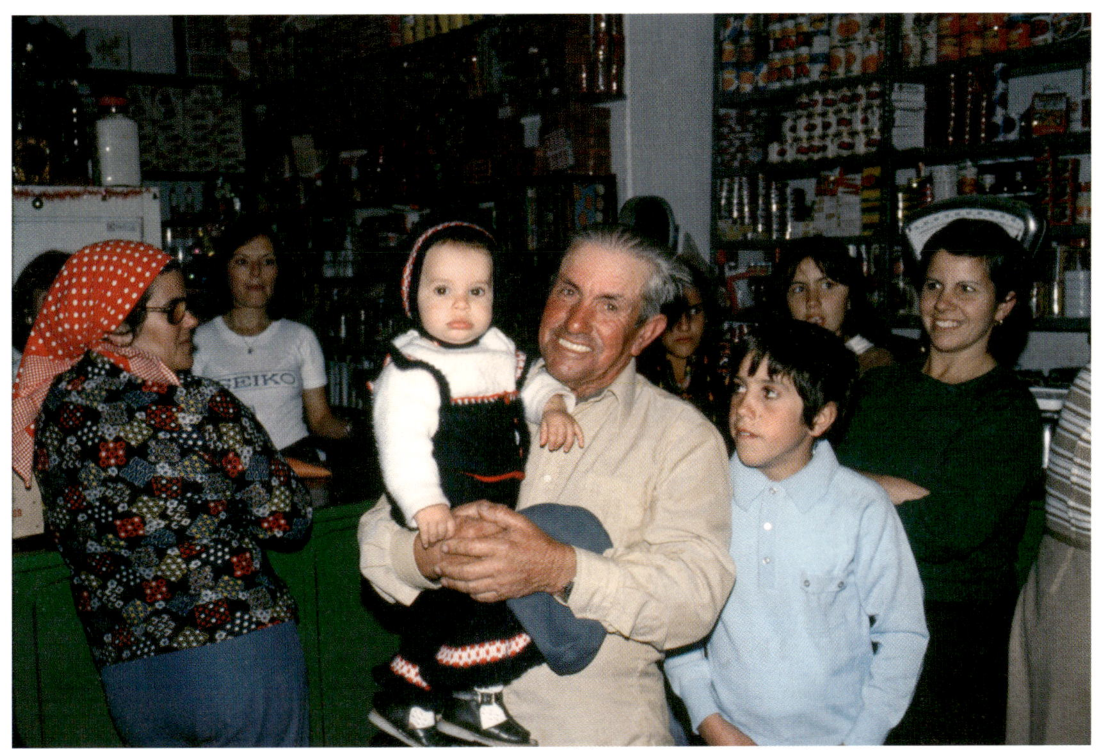
SEIKO

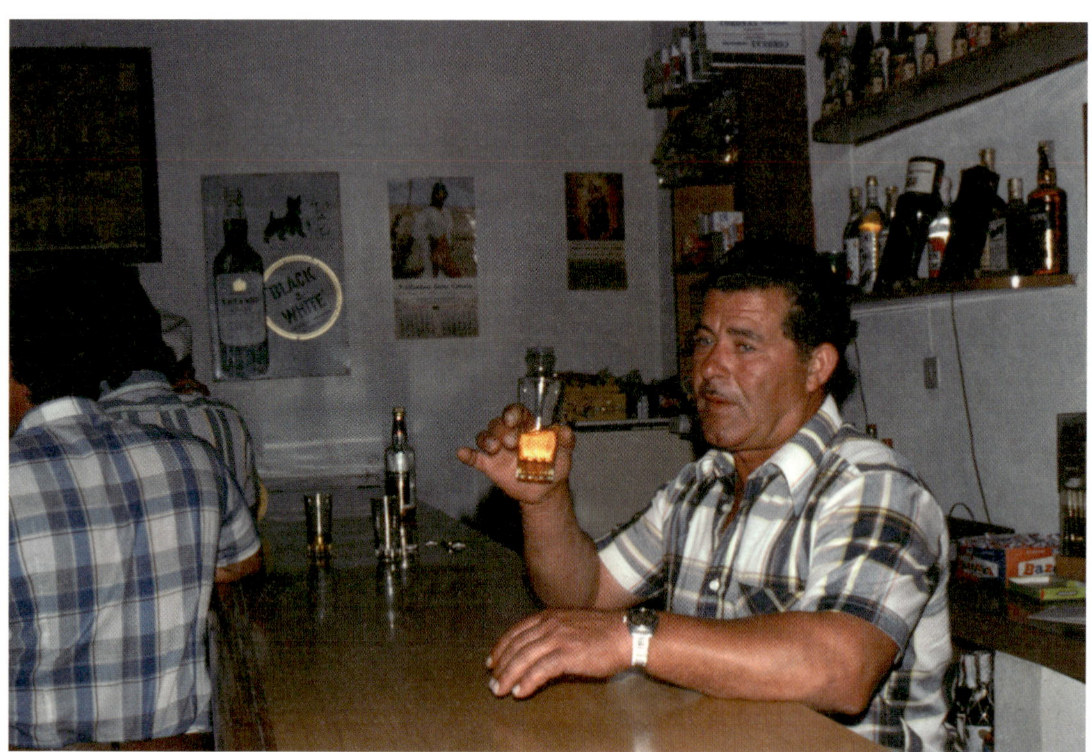
BLACK & WHITE

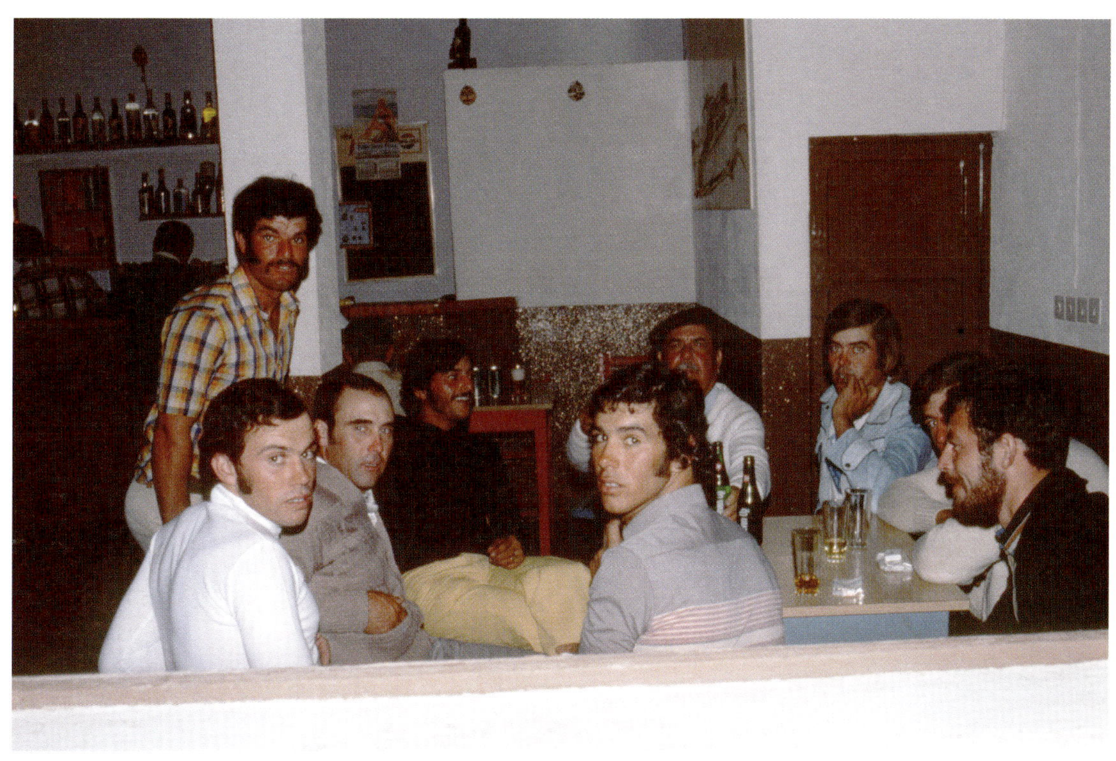

Luis Romero, Nick, Jorge Toledo, Elza, Robert y Ruth.

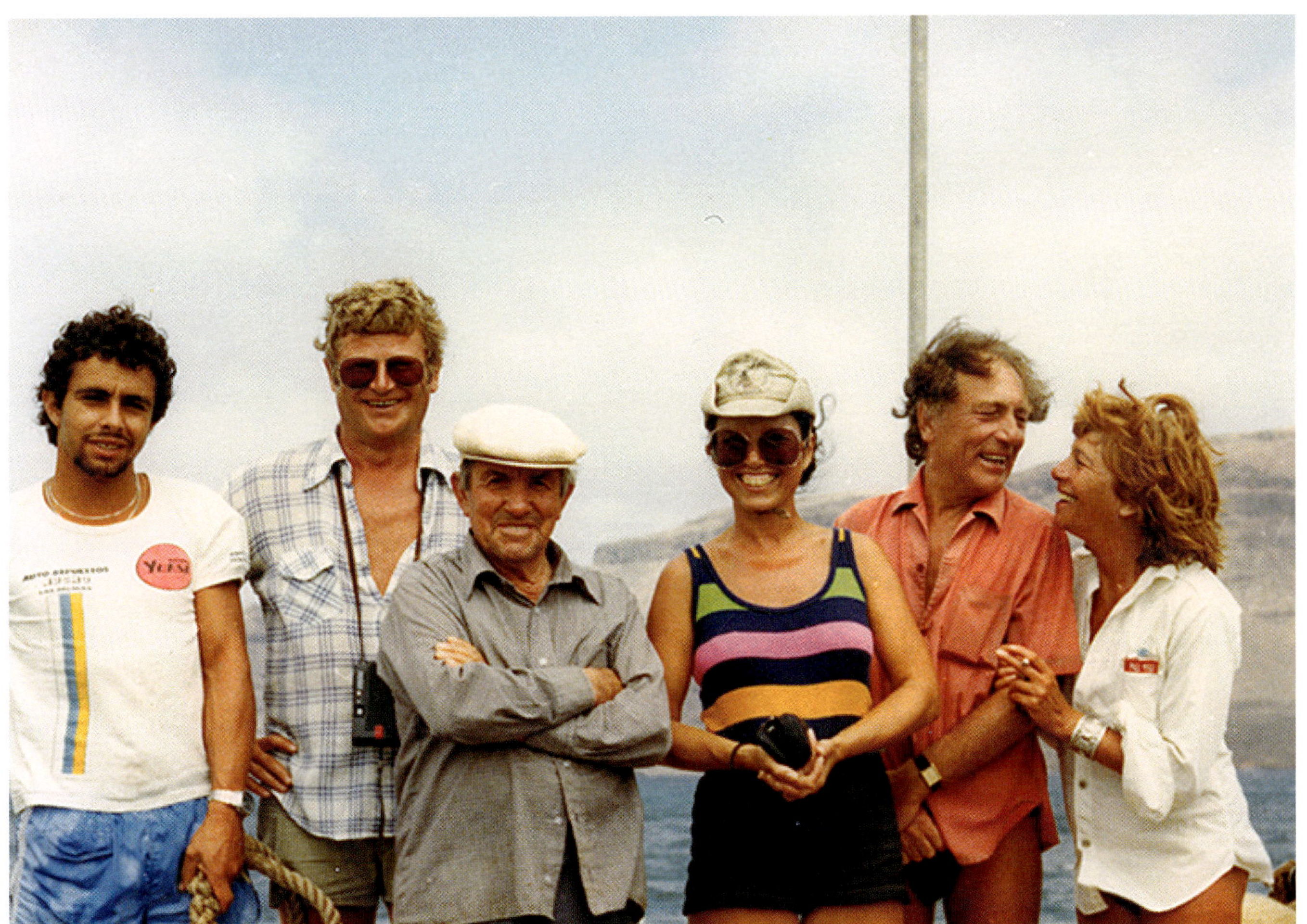

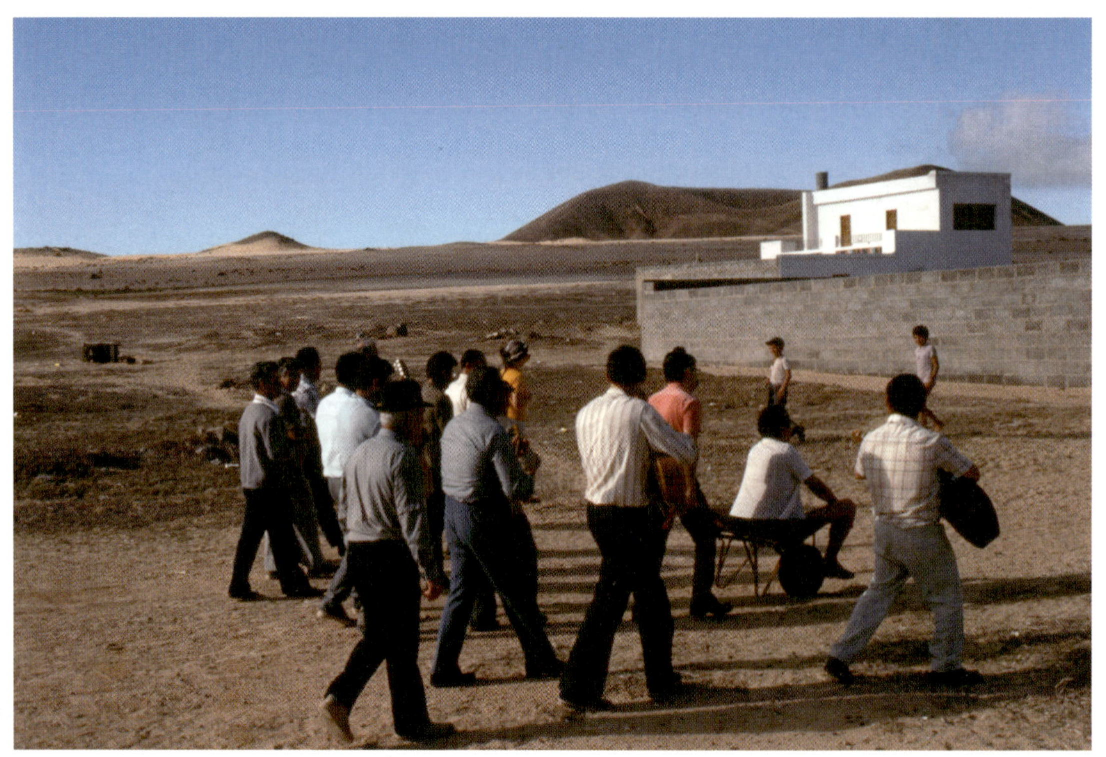

Parranda de Navidad / Weihnachts-Umzug / A procession of strolling musicians.

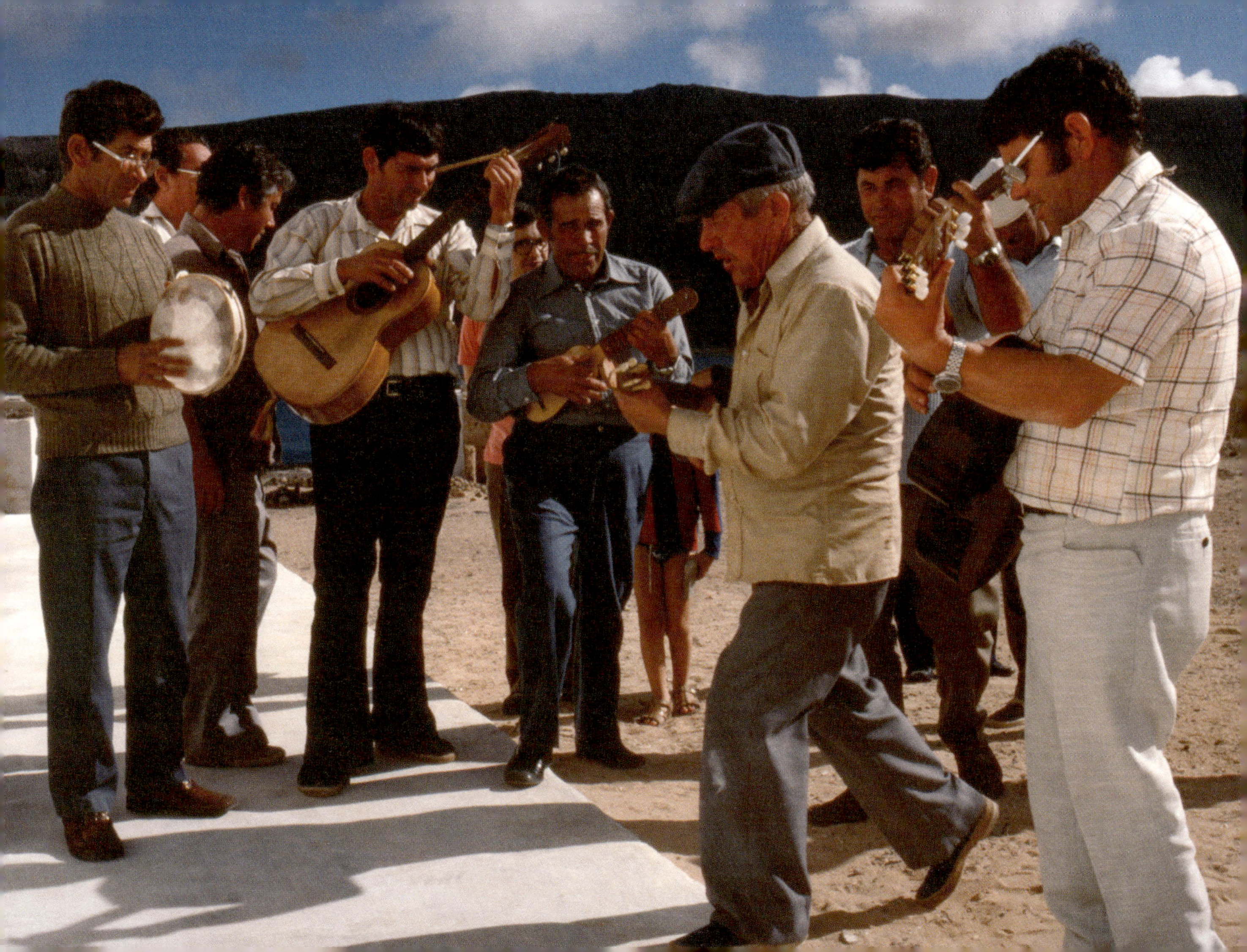

Las mejores vacaciones de mundo las pasábamos en La Graciosa. Entonces el turismo no había descubierto este lugar mágico y atemporal. Vivíamos en medio de un paisaje insólito de mar y dunas, poblado principalmente por ruidosa gaviotas y algunas cabras que buscaban de comer en el parco matorral de entonces.

Por las noches, un cielo de estrellas nos invitaba a soñar. Las pocas casas de Caleta del Sebo, dispuestas orgánicamente en el núcleo urbano, ofrecían alguna protección contra las ráfagas de los alisios, aunque el invierno era casi siempre húmedo y maltrataba a las viviendas y la gente. La vida en el pueblo era igualmente árida, sencilla y poco alentadora. Sin electricidad ni agua corriente, sin teléfono ni periódicos, cruzar El Río dependía de la generosidad de las olas y del viento, lo que acentuaba el aislamiento al que también nos sujetábamos, tan distantes de nuestro mundo en Alemania, con sus calles asfaltadas, el reloj siempre corriendo por delante y nosotros apuntando las citas inaplazables.

Caminar por la isla era siempre una actividad muy especial. Carreteras nos las había, sino algún que otro sendero entre las dunas, pisoteado año tras año por el pastor de cabras. Así salíamos por la isla, dejándonos llevar por el escenario que nos ofrecía el paisaje entonces casi desierto, bañándonos en sus playas vírgenes, oyendo las voces de las gaviotas en medio del incansable oleaje. Y fascinados por las sombras geométricas del Risco de Famara, y los dibujos de las nubes que normalmente reposaban en sus cumbres.

Dicen que en el desierto uno encuentra la paz, y a sí mismo. Es verdad. En la contemplación de estas dádivas de La Graciosa disfrutábamos de un gratificante descanso de cuerpo y alma, y nos sentíamos como parte de ese todo que es la naturaleza. Creo que ese era el secreto de nuestras "mejores vacaciones del mundo".

Elza Carrozza Wagner

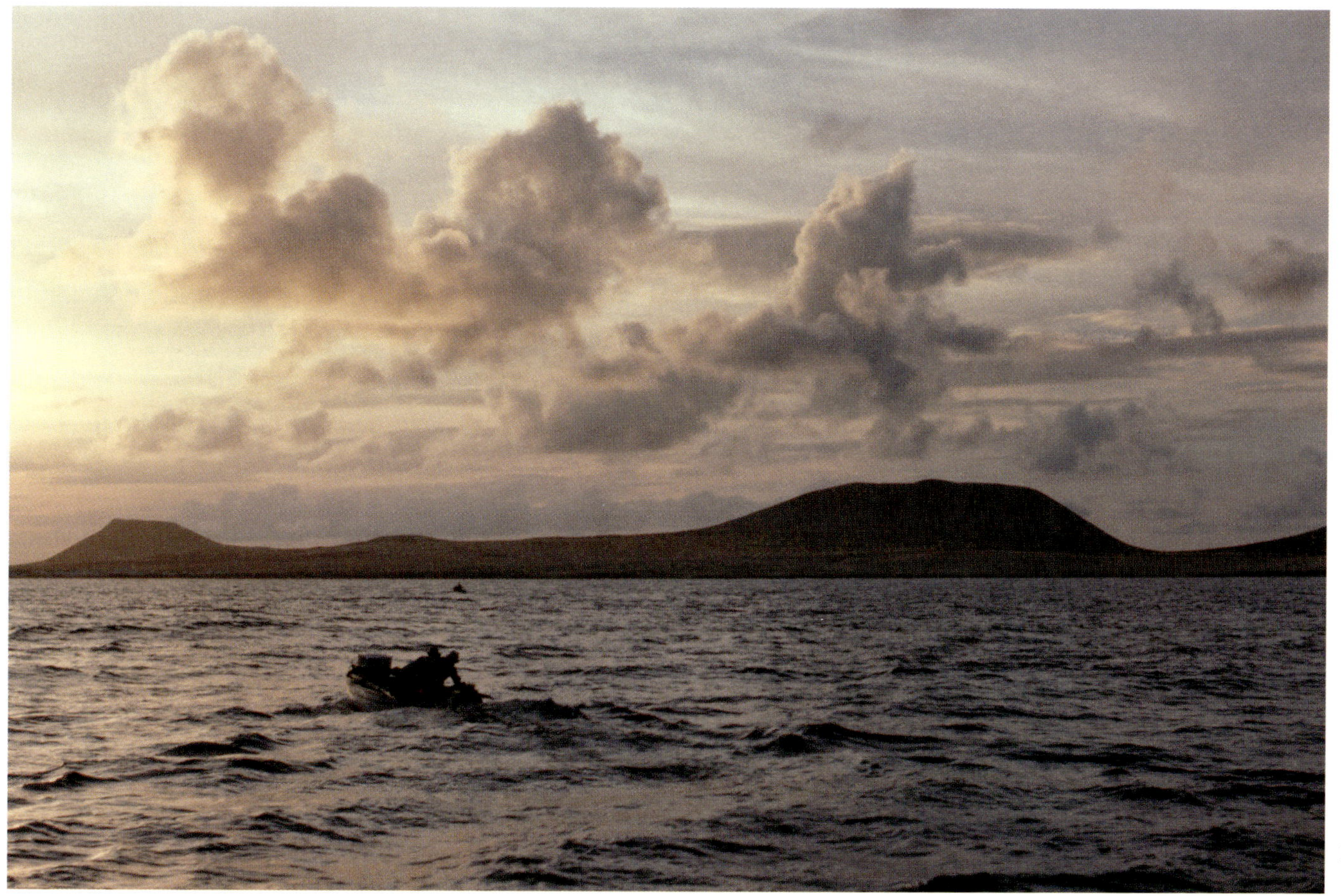

Auf La Graciosa verbrachten wir damals den besten Urlaub der Welt! Der Tourismus hatte dieses zauberhafte, zeitlose Eiland noch nicht entdeckt. Hier erlebten wir eine spezielle, vom Meer und Dünen geprägte Landschaft in der meistens unsere einzigen Begleiter kreischende Möwen und verstreute Ziegen waren, die im dürren Gebüsch etwas zum Fressen suchten.

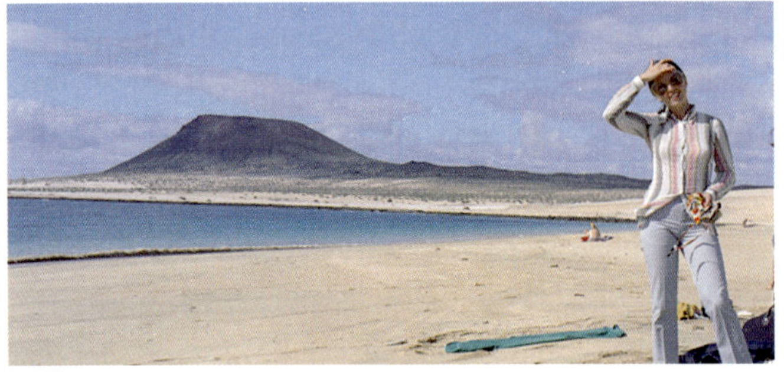

Nachts ein Sternenhimmel zum träumen. Die spärlichen Häuser von Caleta del Sebo, organisch um eine kleine Mole gelegen, bildeten eine Art Schutz vor den Böen des Passatwindes obwohl der Winter fast immer windig und feucht war und Häuser und Menschen bestrafte. Das Leben im Dorf war öde, schlicht und wenig einladend: es gab weder Strom noch fliessendes Wasser, vergebens suchte man nach einem Telefon oder Zeitungen. Der Weg nach Orzola über den ‚Rio' hing ab vom Zustand der Wogen und der Winde, was die Abgeschiedenheit dieser Insel betonte. Fern von unserer Welt in Deutschland, fern von den Städten mit ihren asphaltierten Strassen und der Uhr, die immer auf die unaufschiebbaren Termine zeigte, mussten wir uns hier all diesen ungewohnten Lebensumständen anpassen.

Durch die Insel wandern war ein ganz besondere Beschäftigung. Straßen gab es nicht, sondern nur den einen oder anderen Fußweg in den Dünen, festgetreten vom ständigen Begehen der Ziegenhirten. So liefen wir stundenlang durch diese wüstenähnliche Landschaft und badeten an fast unberührten Stränden, wo nur das unermüdliche Rauschen der Wellen und die Stimmen der Möwen zu hören waren. Und auf dem warmen Sand liegend, versuchten wir die geheimnisvollen Schatten am Risco de Famara und die bizarren Formen der Wolken, die sich auf dessen Spitzen bildeten, zu deuten.

Oft habe ich gehört, in der Wüste fände man Frieden - und besonders zu sich selbst. Das stimmt. Beim Erleben dieser Gaben von La Graciosa genossen wir eine besondere Entspannung an Leib und Seele und fühlten uns wie ein Bestandteil dieses Ganzen, das wir Natur nennen. Vielleicht war das genau das Geheimnis von unserem, besten Urlaub der Welt'!

Elza Carrozza Wagner

We used to spend the best holidays in the world in La Graciosa. At that time, tourists had not yet discovered this magical and timeless place. We lived amidst an extraordinary landscape of sea and dunes, populated mainly by noisy seagulls and some goats looking for something to eat in the sparse shrubs of back then.

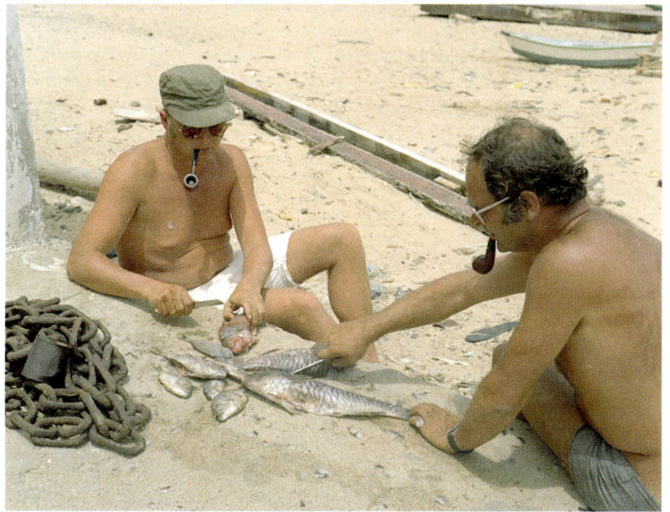

At night, a stary sky would invite us to dream. The few houses in Caleta del Sebo, oganically arranged in the urban centre woud offer some shelter from the strong trade winds, although winter was almost always humid, challenging the homes and the locals. Life in the village was also arid, simple and not very encouraging. With no electricity or running water, no telephones or newspapers, crossing the river depended on the generosity of the wind and the waves, which accentuated the isolation to which we were also subjected, so distant from our world in Germany, with its paved roads, the clocks always ticking ahead of us and making appointments we couldn't put off.

Walking around the island was always a special activity. There were no roads, only a few paths through the dunes, treaded on year after year by the goat herder. We would wander the island, allowing ourselves to get carried away by the almost desert like scenery the landscape had to offer, swimming in the virgin beaches, listening to the voices of the seagulls amid the tireless surf. And fascinated by the geometrical shadows cast from the Famara cliff and the silhouette of the clouds that would normally rest upon the top.

They say one finds peace in the desert, and so it is true. Contemplating these gifts offered by La Graciosa, we enjoyed a rewarding rest for both mind and soul, feeling part of the whole that is nature. This, I think, was the secret "to the best holidays in the world."

Elza Carrozza Wagner

Producción / Produktion /Production:
Ediciones Remotas

Impresión / Druck / Printing:
Lugami Artes Gráficas

Traducción / Übersetzung / Translation
Elza Carrozza y Zoe Dale

Segunda edición / Zweite Ausgade / Second edition:
noviembre 2016

ISBN: 978-84-945717-3-2
Depósito legal: GC 913-2016

Impreso en España / In Spanien gedruckt / Printed in Spain

ediciones **remotas**